もとめる断熱レベルとめざす省エネレベル

南 雄三 著

セラミックの窓飾り/エストニア・タリン

建築技術

目次

1 ── 迷える断熱・省エネ

- 1-1　断熱は省エネの主役？　010
- 1-2　省エネ施策チャート　012
- 1-3　外皮基準の意味　014
- 1-4　高断熱・高気密は人気なのか？　016
- 1-5　日本の省エネレベルは低い？　018
- 1-6　3本立ての省エネ策　020
- 1-7　日本の省エネ住宅の流れ　022
- 1-8　なぜ省エネ基準が義務ではないのか？　024
- 1-9　エネパスがほしい　026
- 1-10　断熱が低ければ寒いのか？暑いのか？　028
- 1-11　断熱性が低いとエネルギー浪費？　030
- 1-12　何℃なら暖かい？　032
- 1-13　日本はZEH大国？　034
- 1-14　建築物省エネ法で基準・表示・補助　036
- 1-15　1章まとめ　038

コマ占い/修善寺土産

日本の断熱レベルは低すぎて、寒くて、結露して……。でも日本の家庭は省エネ優等生で、ゼロエネなら世界一。なんかおかしいよね……という気持ちは「断熱は省エネの主役」だという思い込みと、「断熱が暖かさをつくる」という思い込みがつくりだすもの。本章では、断熱・省エネに迷える状態を浮き彫りにします。

1 迷える断熱・省エネ

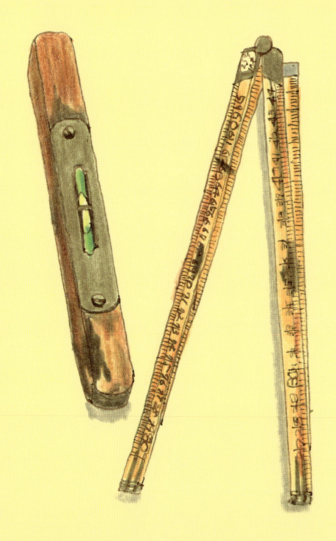

絵は筆者のスケッチで、南雄三事務所の窓辺に置かれた世界のおもちゃたち

1-1 断熱は省エネの主役?

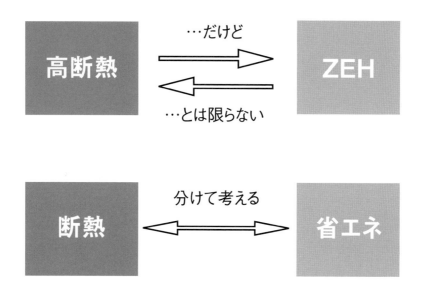

　断熱を高めれば省エネになる……と,誰もが思うところです。そして,断熱性が高くなければゼロ・エネ住宅(ZEH)なんてできるわけがない……と,思い込んでいる人が少なくありません。もちろん,断熱を高めれば省エネは進んでいくのですが,断熱レベルが低くてもゼロ・エネ住宅は可能です。
　一方,寒冷地や雪国以外では,断熱は省エネの主役ではなく,むしろ影の薄い存在です。では,断熱を高めるとはどんな意味をもつのでしょうか。
　本書は,「断熱と省エネは分けて考える」という突拍子もない視点で論を進めていこうと思います。

1章：迷える断熱・省エネ

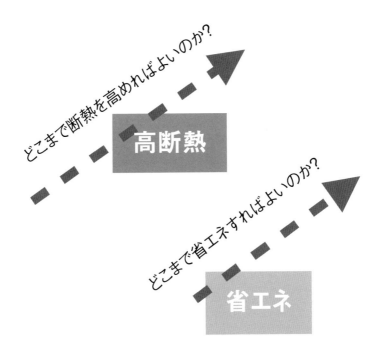

　基準，補助金，表示の三つの視点で，省エネ住宅推進策がガンガン打ち出されています。いよいよ2020年には省エネ基準が義務づけられる中，そうなればもう廃業だと怒る業者もいれば，こんな基準じゃレベルが低すぎると吐き捨てる業者もいます。

　基準には，分厚い断熱材がまぶしい世界基準もあれば，15℃を見据えたHEAT20もあり，また大手ハウスメーカーは世界に冠たるZEH建設実績を見せて，日本の断熱レベル，省エネレベルはピンからキリまでさまざま。

　誰もが「どこまで断熱を高めればよいのか？」「どこまで省エネすればよいのか？」でオロオロしています。

1-2 省エネ施策チャート

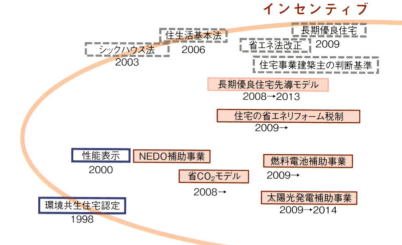
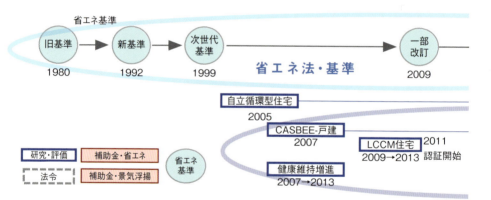

省エネ施策等の流れ

　上図は、住宅の省エネに関連した施策の変遷を示したものです。水色の太枠で示したのが**省エネ基準**。紺色の太線の枠が**研究と評価**ツール。グレーの太い点線の枠が**法令**。赤色の太線の枠が**補助金を伴った省エネ施策**で、赤色の細線の枠が**景気浮揚策**です。2008年頃からインセンティブ（補助金制度、税制優遇制度など）が急増していることがわかります（ピンクの枠）。

　また、2000年から研究＆評価ツールが開発されて、イ

1章：迷える断熱・省エネ

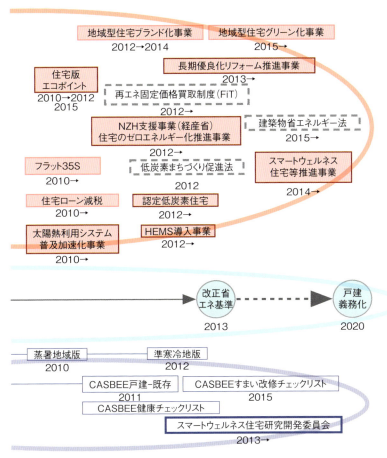

研究 & 評価ツール

ンセンティブの判定基準として使われることとなりました。法，基準，研究，評価，インセンティブは相互密接に関連しているため，常に情報を整理しておかなければなりません。といわれても，業界はめまぐるしく打ち出される施策にアップアップの状況です。

2016年度からは建築物省エネ法がスタートし，省エネ基準の義務化などが，建築物省エネ法の中で取り扱われることになりました。

1-3 外皮基準の意味

　省エネ基準は 1980 年，1992 年，1999 年の 3 回改正され，そのたびにレベルアップしてきましたが，その後 14 年間も更新されないまま 2013 年の改正を迎えました。

　14 年間も更新されなかったのは，省エネ基準の適合率（実施率）が低かったからですが，2013 年の改正においてもレベルアップは見送られました。今度は，2020 年義務化を見据えて，無理のないレベルに抑える必要があるとの判断からです。

　一方，1999 年基準までは外皮基準でしたが，2013 年基準では外皮の基準に加えて，一次エネルギーの基準が新設され，2 本立てになりました。

　ここで注目しなければいけないのは「なぜ 2 本立てになったのか」ではなく，**「なぜ外皮基準が残されたのか」**にあります。もともと省エネ基準は文字どおり省エネが目的で，1999 年基準までは暖冷房負荷を抑えるために必要な断熱性能を仕様規定するもので，意味としては省エネでした。

　2013 年基準では一次エネルギー基準が加わりましたが，ここでは暖冷房から発展して，換気，給湯，照明，調

1章：迷える断熱・省エネ

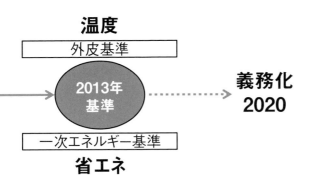

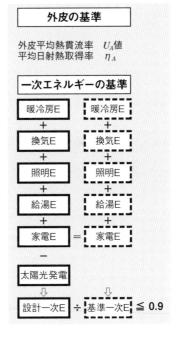

理・家電まで含めた生活総合のエネルギーに，対象が広がりました。ここで，暖冷房も一次エネルギー基準に含まれるので，わざわざ外皮の基準を残す必要はなくなりました。それでも外皮基準が残されたのは，室温を問うためです。非暖房室の温度や夜中暖房を停止した場合の朝の温度を高めることを目的に，外皮＝断熱の基準が残されたのです。

断熱は，こうして「省エネ」と「温度」に分けて考える必要があります。また，こんな分け方は極めて日本的なものであるということもできます。

先程からいったい何を言っているのか？　と読者を混乱させて叱られそうですが，慌てずにゆっくり話を進めていこうと思います。

1-4 高断熱・高気密は人気なのか?

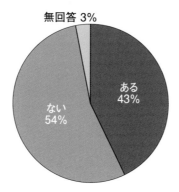

省エネルギー基準適合住宅施工経験の有無
(国土交通省 平成 26 年)

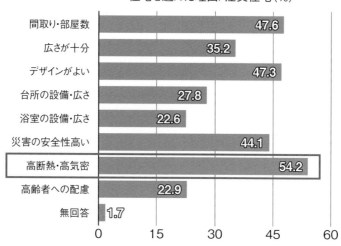

国土交通省「平成 25 年住宅市場動向調査」より

1章：迷える断熱・省エネ

　省エネ基準がレベルを上げられないのは，適合率が低いからだといいました。適合率が低いのは，消費者が住宅の断熱化に対して関心が低いから……と勘ぐることができます。でも，そうではないのです。

　注文住宅を計画している人にアンケート調査したところ，「住宅を選んだ理由」の中で，「高断熱・高気密」が一番人気でした。このレポートを読んで，30年も高断熱・高気密の推進に努力してきた筆者にとって，長年の苦労が報われたような気持ちになりました。

　ところが，分譲住宅を購入する人に同じアンケートをしてみたところ，今度は「間取り・部屋数」が75％と1位で，「高断熱・高気密」はわずか20％しかありませんでした。
　分譲住宅では，購入者の家族の人数や性格に適した間取りと，部屋数が最大の関心事であるのは当然です。でも，高断熱・高気密に対する関心が低くなってしまうのはなぜでしょうか。

　ところで，高断熱・高気密に関心をもった人たちにとって，高断熱・高気密とはどんなイメージなのでしょう。
　「暖かい」なのか，それとも「省エネ」なのか……。
　もちろん「快適で省エネ」と答えるのでしょうが。

1-5 日本の省エネレベルは低い？

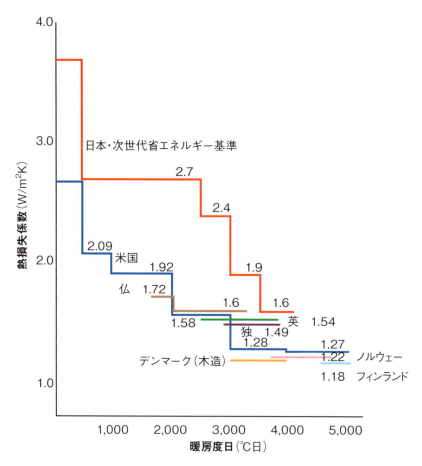

次世代省エネルギー基準と各国の基準値の比較/熱損失係数による

出典：(一財)建築環境・省エネルギー機構

1章：迷える断熱・省エネ

　あちこちで，「日本の省エネ基準はレベルが低い」といわれます。筆者もそうだと思います。なぜレベルが低いのかといえば，14年間もレベルアップしなかったからで，1999年当時は世界に肩を並べた……と自負していたのですが，その後先進諸国が競って省エネに走り出し，日本がそのまま動かなかったのですから，置いてけぼりを食って当然なのです。

　ただ，省エネ基準がどんな「意味」でつくられているかを知ったうえで，「レベルが低い」と愚弄する人はいないに等しく，とにかく先進諸国に比べて基準値が低いといっているだけ。基準値設定の考え方を批判するなら議論になりますが，ただの数値競争では高い方が勝ち誇るだけです。

　なので，否定された方は「海外と日本では気候が違う」といって予防戦を張ったりするのですが，これもまた議論の矛先をかわしただけ。必要なのは基準の考え方自体を議論し，その考えに当てはめて性能を検討することです。

　ただむやみに高性能を自慢する人がいますが，もう少し上の性能の家があれば負けたような気持ちになり，同じく高性能をアピールして営業する業者は，ちょっとだけ高い性能の業者に営業で負けて悔しい思いをしたりして……。

　いったいどんな家をつくろうとして，「誰にも負けない高性能」になったのか……，そこの意識がないままの性能競争はいかがなものか。

　高性能を自慢する業者に，建主が「もう少しU値が低くてはダメなの？　そのU値じゃないと何が起こるの？　燃費が1万円アップしてもよければ断熱材は薄くしてもいいんでしょ……」と問えば，日本一の高性能は意味を失ないます。どんな温度でどんな燃費で，太陽とか風とかと遊ぶためにはどんな性能が似合うのか……，まずは環境設計，次に必要な性能。これが性能というもので，性能は本来競争するものではありません。

1-6 | 3本立ての省エネ策

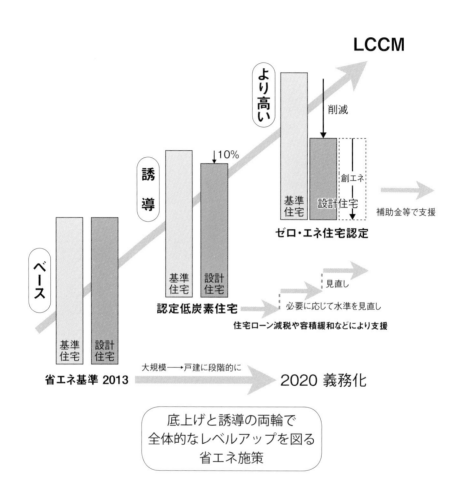

底上げと誘導の両輪で
全体的なレベルアップを図る
省エネ施策

1章：迷える断熱・省エネ

　1999年から14年間経過しても，なお断熱レベルを上げることができなかった省エネ基準2013ですが，これではあまりにも消極的過ぎるという意見が多く出ました。これに対して，国土交通省は「2020年義務化を見据えた基準なのでレベルアップはできない」と弁明しました。
　そして，「外皮基準はレベルアップしないが，認定低炭素住宅の認定制度でレベルアップを図り，ゼロエネルギー住宅認定で高いレベルに引き上げる三本立ての省エネ推進策をとっていく」と述べました。
　省エネ基準をベースとして存在させ，認定低炭素住宅はレベルアップを誘導し，ゼロ・エネ住宅がより高いレベルに引き上げる。ベースは**底上げ**の意味をもち，認定低炭素住宅は省エネ基準（一次エネルギー基準）より10%の省エネで**誘導**を意味し，ゼロ・エネ住宅は省エネと創エネでNetゼロを目指して**より高いレベル**に導きます。
　これを実現すべく認定低炭素住宅にはローン減税が，ゼロ・エネ住宅には補助金のインセンティブが与えられます。
　この底上げと誘導の両輪で，全体的なレベルアップを図るのが国の意図でした。そして，さらに高い位置にLCCMが最終目標として提起されています。
　認定低炭素住宅は，低炭素まちづくり推進法（2012年8月公布）の中でつくられたものでした。同法案は，街が拡大し過ぎてエネルギー効率が悪くなっている地方の町を，コンパクトに改造して省エネにすることがテーマ。この構想の中に，認定低炭素住宅が含まれていました。その評価に省エネ基準が使われるため，省エネ基準は認定低炭素住宅の認定制度とともに打ち出されました。

1-7 | 日本の省エネ住宅の流れ

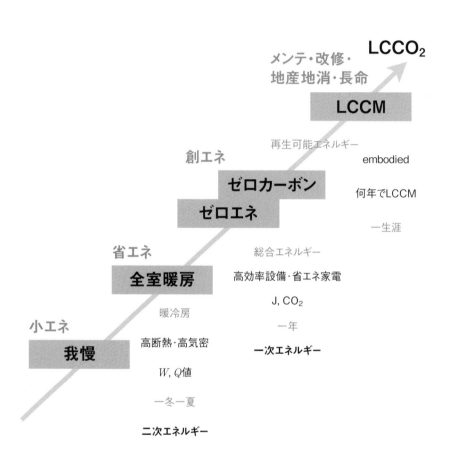

1章：迷える断熱・省エネ

　3本立ての省エネ推進策を見ていると，国の施策に飲み込まれそうですが，一歩下がって，日本の住宅省エネの全体像を俯瞰してみると，図のような流れが見えてきます。
- 部分間歇暖房で寒さに**我慢**の生活から，**全室暖房**をめざして**高断熱・高気密化**がスタートしたのは25年以上も前。まだまだ寒い家がつくられ続けている状況なのに，ゼロエネの芽が出て，さらにはLCCMまでが掲げられています。
- ゼロエネとは，1年間の生活で使用するエネルギーを，太陽光発電など再生可能エネルギーによる創エネで収支ゼロにすること。**ゼロカーボン**は，エネルギー量ではなくて，温暖化ガス（炭酸ガス：CO_2）をゼロにすること。そして，LCCMは建設〜廃棄までの一生涯に排出する$LCCO_2$（ライフサイクルCO_2）を，創エネによってゼロ以下にすることです。
- 全室暖房をめざした時代は，**暖冷房の省エネ**を対象に，**断熱・気密**だけを追求していました。ゼロエネの時代は，**生活総合エネルギー**に広がって，**設備の高効率化**にも目を向けることになりました。そして，LCCMでは$LCCO_2$を計算し，生活時に発生するCO_2とembodied（建設や改修，廃棄時に排出するCO_2）の両面で考えることとなりました。
- 単位はWやQ値でもよかったのが，ゼロエネではJ（ジュール），ゼロカーボンでは$kg\text{-}CO_2$が使われます。
- 時間では一冬一夏が対象でしたが，ゼロエネでは1年に延び，LCCMでは一生涯に広がりました。
- エネルギー量の評価は，負荷（二次エネルギー）で計算してきましたが，一次エネルギー計算が要求されることになりました。ここまでの流れをみせつけられて，「もうついていけない」と不安になる人もいるでしょう。でも，本書を最後まで読めば，すべてを理解することができます。ゆっくりいきましょう。

1-8 なぜ省エネ基準が義務ではないのか？

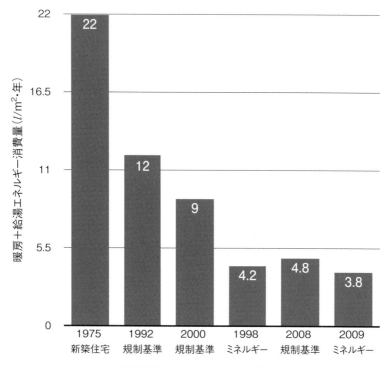

スイスの省エネ規制基準とミネルギーの基準エネルギー消費量

1章：迷える断熱・省エネ

　日本の省エネ基準は「レベルが低い」に加えて，なぜ義務づけられないのだ……といわれてきました。先進諸国の多くは，すでに省エネ基準を義務づけています。グラフは，スイスの省エネ基準の推移を示しています。スイスは1980年代まで州ごとに違う基準がつくられていましたが，1988年に全国統一基準がつくられ，12 l 建築が義務づけられました。

　1980年代に建てられた家は，断熱なしか，あっても3 cm程度で，年間の暖房と給湯に床面積1 m^2 当たり20 l の灯油を消費していました。でも，省エネ基準が義務づけられることによって，どんどんリッター数が小さくなり，2008年基準では4.8 l まで下がりました。そして，1998年には「めざす断熱レベル」として，「ミネルギー（ミニマムエネルギーの基準）」が導入されました。ミネルギーは国の基準ではなく民間の基準なので，だからこそ高いレベルを設定できます。スタートした当初は4.2 l と国の基準よりはるかに省エネをめざしていましたが，2008年に国は4.8 l まで基準を厳しくしたため，ミネルギーは2009年に3.8 l に下げました。

　このように省エネ基準を義務づけることによって，スイスは20 l 建築を20年間に約1/4まで小さくすることができたのです。そして，国の基準と民間の基準の両輪で，さらに高い省エネをめざしています。

　日本の住宅を振り返れば，省エネ基準が義務づけられるのは2020年を待たなければなりません。こんなことでよいのか？　という声が挙がる一方で，防火や耐震のように義務づけることで「人と地域の安全を守る」という質のものではなく，義務づけは不適当という意見もあります。筆者は，日本の家はまだ省エネを語る段階にはないと考えています。また，おかしなことをいってしまいました。

※スイス情報：滝川薫著『サステイナブル・スイス　未来志向のエネルギー，建築，交通』学芸出版社，2009年

1-9 エネパスがほしい

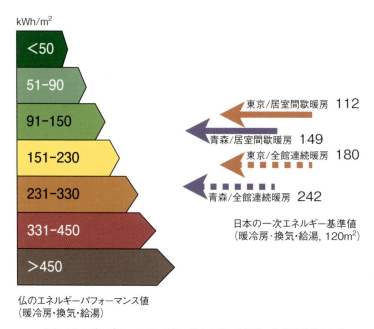

仏のエネルギーパフォーマンス値
（暖冷房・換気・給湯）

仏のエネルギーパフォーマンス値と日本の省エネ基準一次E基準値の比較

仏の不動産屋の物件情報で見つけたエネパス

1章：迷える断熱・省エネ

　エネパスとは，「Energy Perfomance 制度」のこと。
　欧州連合（EU）では 2002 年 12 月に「建築物のエネルギーの性能に係わる指令」が採択され，すべての新築，大規模改修建築物，公共建築物にエネルギー表示を，建設，売買，賃貸時にエネルギー効果評価書の取得，提示を義務づけました。この指令により EU 各国は 2010 年までに，エネルギー表示制度を随時実施することが義務づけられ，フランスでは 2007 年にスタートしています。
　ドイツでも始まっていますが，不動産屋の物件情報にエネパスの姿はありませんでした。要求されたら提示する義務はありますが，物件情報で示す必要はないようです。イギリスも同様に，エネパス表示はありませんでした。

　フランスのエネパスは「DPE/Diagnostic de Performance énergétique（住宅等の省エネ表示制度）」と呼ばれていますが，この DPE があればアパートを借りる者も，家を買う者も，エネルギー消費量がどれだけ掛かるかを知ることができて安心だし，家賃や購入価格にも反映します。
　エネパスは暖冷房，給湯，換気まで含めた（国によっては照明も）年間一次エネルギー消費量で評価します。フランスでは緑〜赤に色分けしてランク表示し，緑の A ランクが最高で 50kWh/m^2 以下，B ランクは 51〜90，以下 C 〜G までランク分けしており，緑色の範囲が推奨レベルといえます。
　このランクに日本の省エネ基準・一次エネルギー基準を当てはめてみると，矢印のようになります。全館連続暖房だと東京，青森ともに推奨レベルを下まわりますが，居室間歇暖房にすると推奨レベルに格上げされます。日本は，全館連続と居室間歇の二つの暖房形式があるので複雑です。

1-10 断熱が低ければ寒いのか？暑いのか？

アメリカ人をご主人にもつ女性から
「アイオワ州は電気が高額で，熱源は主に天然ガス。それでも冬の光熱費は8万円程度。暖房がないと死んでしまうくらい寒いから，そのくらい払うのは当り前。なのに，家ではシャツ1枚。部屋の中は常夏のようで，25℃くらいで寒いと感じるという」

オランダ在住の女性から
「ヨーロッパでも，家は基本的に寒いんです！私も旅行中どの国でも寒いと思ったことはありませんでしたが，それはセントラルヒーティングを最大限にして……が条件でした。外気温が−2℃〜5℃くらいでもTシャツ1枚で過ごせるのは確かですが，暖房を止めることはできません。止めてしまえば，室内温度は1ケタ前半に瞬く間に落ちていきます。この暖房費が馬鹿にならない！こんなに暖房費を払うなら，日本でも同じぐらいに暖かくできるかも……」

でっかい室外機を屋根に載せたフェニックスの住宅（2002年）

1章：迷える断熱・省エネ

　断熱性が低いと，寒いと思い込んでいる人がいます。また断熱性が高ければ，暖かいという人もいます。どちらも間違いではありませんが，「断熱がなくてもガンガン暖房すれば暖かいし，ガンガン冷房すれば涼しい」も正しいのです。

　28頁の文章は，海外在住の知人から届いた二つのmailです。
　アメリカからのmailを読むと，アメリカらしい浪費型の生活が目に浮かんできます。
　オランダからのmailには，無断熱でも絶対にセントラルヒーティングしている様子が描かれています。そして，日本だってこんなに無駄遣いしていいなら，暖かくできるかも……というところが面白いですね。
　欧州の家が暖かいことにコンプレックスを抱く日本人。
　それを，断熱性や気密性の高さと勘違いする日本人。
　欧州だって古い家は断熱不足。それでもなんでも，セントラルヒーティンをガンガン焚いて暖めています。

　アメリカ南部フェニックスには，28頁の写真のように屋根の上にとてつもなくでっかい室外機を載せて，激しく冷房している家が並んでいます。その一軒を訪ねてみました。
　車のボンネットで目玉焼きができるほどの暑さですから，フラフラしながら家のドアを開けました。一歩家の中に入ると，今度は肌がピリピリするほど冷たい空気に包まれました。そしてまた外へ出ると，サウナに入ったときの乾燥したニオイと熱が待っていました。これほど暑いのに遮熱対策を行わず，ただエアコンをワンワン運転しているのです。

　断熱がなくてもガンガン暖冷房して，湯水のようにエネルギーを浪費している……。不思議なことに，筆者の目には新鮮に見えました。

1-11 断熱性が低いとエネルギー浪費?

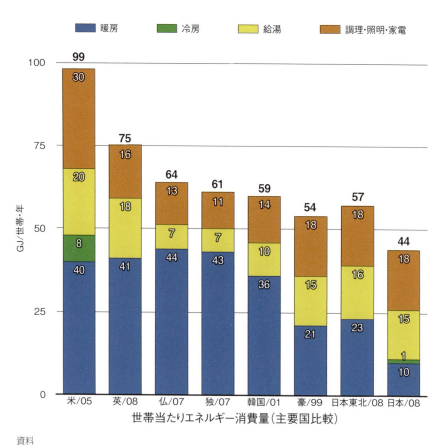

世帯当たりエネルギー消費量（主要国比較）

資料
㈱住環境計画研究所「民生部門の省エネルギーについて」平成21年2月19日
「家庭におけるエネルギー需要構造と課題」平成25年6月28日

1章：迷える断熱・省エネ

　断熱は，省エネの主役だと思い込んでいる人がいます。いや，ほとんどの人がそう思っているかもしれません。では断熱レベルの低い日本の家は，エネルギーをガンガン浪費しているのでしょうか。

　グラフは，世帯による年間エネルギー消費を国別に比較したものです。浪費型のアメリカにはあきれるしかありませんが，断熱レベルでは最も低いに違いない日本が，欧州各国とオーストラリア，韓国と比べて，東北は同程度，平均でははるかに小さな数値になっていて驚かされます。

　このグラフを見ている限り，日本は先進諸国の中では省エネ優等生ということができます。断熱性が低いのに，一体どうなっているのでしょうか。

　このグラフは2008年までの調査で，現在は違っているのかもしれませんが，このグラフから鮮明に読み取れるのは，欧州，韓国の家庭で使用するエネルギーの大半が暖房であることです。日本は東北でさえ，欧州，韓国の半分しかなく，日本の平均は1/4しかありません。

　その一方で，日本が他より多いのは給湯や調理・照明・家電で，日本の平均では約8割。東北でも6割を占めています。

　つまり，日本は暖房用エネルギー消費が小さいということで，その理由は断熱性が高いからではなく，寒くても我慢しているからです。

1-12 何℃なら暖かい？

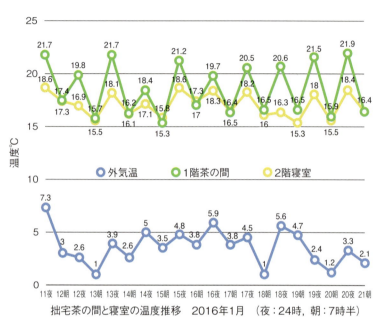

拙宅茶の間と寝室の温度推移　2016年1月　（夜：24時，朝：7時半）

拙宅のエネルギー使用量　2013年　（MJ）

1章：迷える断熱・省エネ

　一体何℃で生活することを暖かいというのか？　と問われたら，何℃と答えますか？
　筆者は脱衣室の温度調査を，知合いの設計事務所や工務店の人たちに依頼して実施したことがありますが，驚いたことに温度計をもっていない設計士が幾人もいました。体温計はもっていても，温度計はもっていない。つまり，室温に関心がないということです。
　天気予報では，「今日の最高温度は15℃で，昨日より2℃高め」といった表現がなされています。15℃ではピンときませんが，「昨日より暖かい」といわれればイメージできます。それほどまでに，私たちは温度に疎いということでしょう。

　ではどれくらいのエネルギーで生活していれば，省エネだといえますか？　と問われたら……どう答えますか？
　「節約が美徳」と心得る日本人だし，照明を小まめに切ることはしっかりやりますが，では先月どれだけのエネルギーを使用したかについて，知っている人はいないといってよいでしょう。もちろん主婦の方々は家計簿をつけながら，電気代やガス代を把握していますが，その量を把握している人はいません。
　断熱に精通した業者でも，自分の家がどれだけのエネルギーを使用しているのか把握していなかったりするのです。
　そんな業者が，「省エネ住宅」をアピールするのはおかしなもの。また，このような状況で日本にエネパスが普及するわけがありません。エネルギー消費が〇〇 kWh と示されても，一体なんのことかわからないからです。

1-13 | 日本は ZEH 大国？

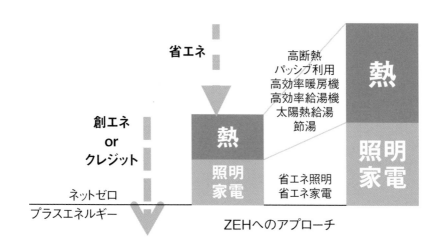

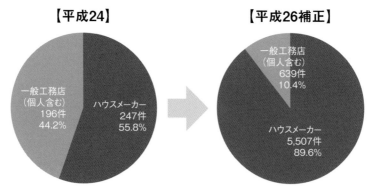

ネット・ゼロ・エネルギー・ハウス支援事業の公布数の業者別割合の推移

引用：ZEH ロードマップ検討委員会 とりまとめ
2015 年 12 月　経済産業省 資源エネルギー庁 省エネルギー対策課
http://www.meti.go.jp/press/2015/12/20151217003/20151217003-1.pdf

1章：迷える断熱・省エネ

　ゼロ・エネルギー住宅は，今では ZEH（ゼッチ）と呼ばれています。以下は ZEH と表現します。

　日本の住宅の断熱レベルは低いといわれますが，省エネ住宅では最高峰の ZEH の建設数では世界を圧倒しています。

　といいながら他国の ZEH 建設数を知っているわけではありませんが，例えば積水ハイムはソーラー住宅建設最多棟数（リフォーム含む）でギネス世界記録に認定され，その数は 161,013 棟（2014 年 12 月末現在）。積水ハウスの ZEH グリーンファーストゼロは，同社の全建設戸数の 3/2 になろうとしています。パナホーム，ミサワホームも 2018 年度全棟 ZEH をめざしているなど，大手ハウスメーカーはこぞって ZEH に走っています。

　年間新築住宅着工数で，ドイツは 15 万戸程度なのに日本は 90 万戸もあること，大手ハウスメーカーは数万戸という大きな規模で，これらが全棟 ZEH に向けて走っているのですから，世界を圧倒して……といっても間違いではないでしょう。ただ ZEH の定義は世界共通ではなく，世帯が使用するエネルギーを省エネして小さくし，創エネまたは排出権の購入（クレジット）で収支ゼロにしていくこと。このクレジットを認めるか否か，家電は含めるか否か，車だって含めなければ……といったことで，定義が違ってきます。日本の ZEH は補助金制度でいえば，家電なし，車なし，クレジットは認めない……が定義になっていて，因みに日本の場合に家電が全エネルギー使用量に含める割合は大きく，温暖地では 1/4 ほどを占めます。

　気になるのは，工務店の ZEH 建設数が少ないこと。国は 2020 年までには標準的な家で，2030 年までには平均的な家で ZEH をめざしています。このためには，戸建住宅の 8 割を占める工務店のつくる家の ZEH 割合を高める必要があります。

1-14 建築物省エネ法で基準・表示・補助

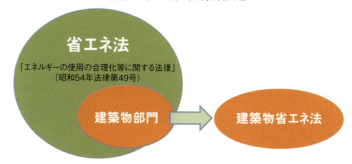

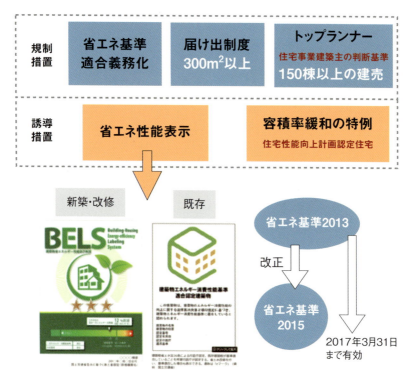

1章：迷える断熱・省エネ

　「建築物のエネルギー消費性能の向上に関する法律（建築物省エネ法）」が，平成27年8月に公布されました。
　工場，輸送，建築物，機械器具などの省エネを推進する「省エネ法」の中にある建築物部門を独立させ，国土交通省の管轄で建築物全体の省エネ性能を向上させようとする新たな法律です。
　主な項目は，規制措置と誘導措置に分かれています。

【規制措置】
・省エネ基準の適合義務化
・300 m²～2,000 m²の新築，増改築の届け出義務
・住宅トップランナー制度（住宅事業建築主の判断基準）

【誘導措置】
・エネルギー消費性能の表示
・省エネ性能向上計画の認定→容積率緩和の特例
　詳細はホームページ（http://www.mlit.go.jp/common/001119867.pdf）を参照していただくとして，ここでは以下の二つの点に注目してください。
①建築物省エネ法により省エネ基準の義務化が明確になったこと
②省エネ性能の表示が始まることになったこと
つまり，日本にはなかった省エネ基準の義務化とエネパスが実現することになったということです。

1-15 | 1章まとめ

低断熱でも寒さを我慢すれば小エネ(日本の既存住宅)
低断熱で暖かさを求めれば大エネ(欧州の既存住宅)
高断熱で小さな熱で暖かさをつくれば小エネで快適

健康な高性能住宅。不健康でもゼロエネ住宅

1章：迷える断熱・省エネ

　さて，書き出しから話はあちこちに飛んで，しかも意味不明な問いかけばかりで，頭が混乱してきたと思います。
　日本の住宅の断熱と省エネを落ち着かせるのが狙いの本書ですが，冒頭から迷走してしまいました。
　いや，日本の住宅省エネの実態こそが迷走状態にあり，その実情をそのまま書けば迷走になってしまいます。

　日本の省エネ基準の断熱レベルは低すぎる。しかも，義務化すらしていない。性能に関心がなく，エネパス表示すらできていない。でも，2016年4月から建築物省エネ法が施行され，省エネ基準は義務になり（住宅は2020年），性能表示（エネパス）も登場した。後は断熱レベルを高め，省エネを推進しなければなりませんが，先進諸国がめざすゼロエネの目標を日本の大手ハウスメーカーはたやすく実現させている。断熱はしょぼくても，ゼロエネなら世界一。
　なんかおかしいよね……という気持ちは「断熱は省エネの主役」だという思い込みと，「断熱が暖かさをつくる」という思い込みがつくり出すもの。断熱がなくても，ガンガン暖房すれば暖かく，断熱性が低くても太陽光発電をたっぷり搭載すればゼロエネは可能だ。

　こんな状況で「もとめる断熱レベル」と「めざす省エネレベル」をどうやって見つけ出せばよいのか……。
　次章から断熱と省エネを掘り下げながら，答えに向かって歩いて行こうと思います。

省エネ基準を真ん中に置いて、「届かないレベル」と「めざすレベル」に分けてみると、届かないレベルにとって基準は高すぎる壁ですが、めざすレベルでは「レベルが低すぎる」と吐き捨てます。でも、どちらも省エネ基準にどんな「意味」があるのか理解しているわけではありません。本章では、この意味を明らかにします。

2 健康の領域

絵はドイツ・ロマンチック街道名物の錫細工（左頁）とイギリス・チェスターの陶器のミニチュア木骨の家（右頁）

2-1 | 届かないレベル

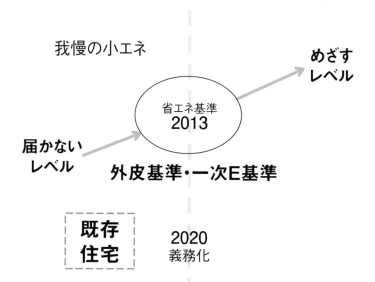

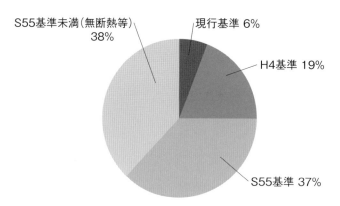

国土交通省推計：2013 年

既存住宅で，省エネ基準 2013 に適合している割合はたったの 6％しかありません。ここは断熱不足の我慢の小エネの域です。

2章：健康の領域

　図は省エネ基準2013を真ん中に置いて，「届かないレベル」と「めざすレベル」に分けてみたものです。
　届かないレベルは断熱に無頓着で，省エネ基準は「超えるに難い壁」に見えますが，めざすレベルでは「省エネ基準なんてレベルが低すぎて話にならない」と見下しています。でも，「届かないレベル」も「めざすレベル」も省エネ基準にどんな「意味」があるのか，理解しているわけではありません。本章では，この意味を明らかにしようと思います。
　日本で断熱や省エネのことを考えるとき，誰もが新築住宅を思い浮かべますが，圧倒的に数が多いのは既存住宅です。省エネを考えるならば，既存住宅に目を向けなければいけません。既存住宅のほとんどは，届かないレベルの領域に入っています。グラフは，既存住宅の省エネ基準に適合している割合がどれほどあるかを示していますが，わずかに6％しかないという結果でした。
　届かないレベルは，断熱性が低いので寒くて，**エネルギーを浪費**しているように思われています。そこで，めざすレベルから「省エネ努力が足りない」といわれてしまいます。
　でも，この領域は暖房する意欲を失っていて，**我慢の小エネ**の状況にあり，寒いのは確かだけど，暖房エネルギーを浪費しているわけではありません。
　もともと暖房しようとしない領域に，「省エネしなさい」と意見するのは的外れといえますし，勘違いしてますます我慢を強めてしまうかもしれません。ここは「省エネ」ではなくて，「我慢しないで暖房しようよ」と声を掛けるのが順番です。
　熱中症では「暑いと思ったら冷房したらいいよ」と声を掛けるのに，暖房だとその声が出ないのはなぜでしょうか。
　この領域は，省エネではなく，**寒いこと**を問題にしなければいけないのです。

2-2 ヒートショックの愚か

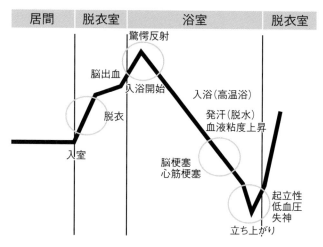

冬期入浴による血圧変化
（出典：九州大学・栃原裕氏）

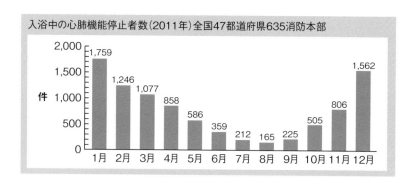

2章：健康の領域

　健康という字は意味深くて，健は建と人がくっついたもの。そこで，健康を建物と人に分けて考えてみると……，建物の不健康は結露による腐れ，人の不健康は結露が招くカビ・ダニ関連のアレルギー，そしてヒートショック。

　中でもヒートショックはとても怖いもので，東京都健康長寿医療センター研究所が行った調査では，2011年の1年間で，全国で約17,000人もの人たちがヒートショックに関連した「入浴中急死」に至ったと推計しました。そのうち，高齢者が14,000人と大多数を占めています。

　ヒートショックは，血圧のもみ返しによって起こるようです。暖かい居間から冷え込んだ脱衣室に入ると血圧が上昇し，入浴を開始すれば熱い湯に驚愕反射して，さらに血圧は上がり，その後湯の中で温まれば血管が膨張して血流が多くなり，血圧は一気に下がります。その間に発汗することで血液はドロドロになり，脳梗塞，心筋梗塞の危険が高まります。そして，湯から出ようと立ち上がれば，頭の血液が一気に下降して立ちくらみや失神を起します。そしてまた，寒い脱衣室の中で血圧は急上昇します。こうしてジェットコースターのように，血圧が上がったり下がったりすることをもみ返しと呼びます。

　44頁の棒グラフは月別の死亡者数です。断然，冬に多いことがわかります。これは日本に限ったことではなく世界中で同じ傾向ですが，興味深いのは冬と夏の差で，寒冷地より温暖地の方が，つまり北海道より四国や九州の方が，北欧よりイタリアやスペインの方が高いことで，これはそれほど寒くないことによる寒さへの身構えが低いためでしょう。

2-3 脱衣室の温度調査

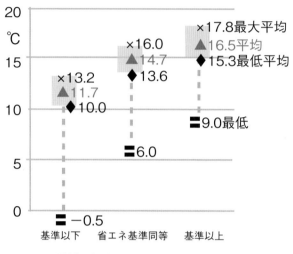

Ⅳ地域　断熱レベル別脱衣室温度　グラフ1

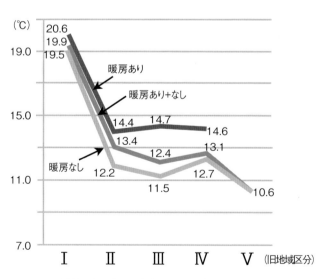

地域別・暖房の有無による脱衣室平均温度　グラフ2

南雄三調査 2012　http://www.t3.rim.or.jp/〜u-minami/

2章：健康の領域

　日本の脱衣室がどんな温度なのかを調査してみたのが，グラフ1と2です。地域，構造，用途によっての違い，特に断熱レベルによる違いを把握しようと考え，知合いの業者および一般居住者の方々に，5日間の脱衣室温度測定を依頼したものです。サンプル数は478件で，旧Ⅳ地域（現行省エネ基準では5，6地域）が9割を占めました。

断熱レベルの違いで5℃の差が……

　断熱レベルによる脱衣室温度の違いを，Ⅳ地域・暖房なしの平均温度で読み取ると（グラフ1），
- 省エネ基準1999レベル（現行省エネ基準と同等）に比べ，「以下」は11.7℃，「同等」は14.7℃，「以上」は16.5℃。
- 「以下」と「同等」で3℃，「以下」と「以上」とでは4.8℃の差がつきました。また，「同等」と「以上」では1.8℃の差でした。
- とはいえ，「以上」でも最大平均で17.8℃しかなく，裸になる脱衣室では20℃以上が求められているのに，断熱性が高くても実際には15～18℃にしか暖めていないようです。
- また，最低温度は「同等」でも6℃，「以上」でも9℃しかなく，断熱レベルが高くても，低い温度の脱衣室があることがわかりました。どうしてこんなことが起こるのでしょうか。

北海道以外は平均温度13℃台

　地域別，暖房の有無による脱衣室の温度は……，
- やはりⅠ地域がダントツに高く，ほぼ20℃。
- Ⅱ地域（北東北）以西は13℃台に落ちます。暖房ありでも15℃に届かず，暖房なしとの差は1～2℃だけです。

　つまり，北海道以外は20℃以上にしようという意識がなく，あまりにも寒い脱衣室のため，暖房する意欲もわかないということでしょうか。

2-4 布団の中は暖かいが

illustration：Taco ◉ Switch・エンタテインメント

……3℃の寒さでも暖かい布団があれば眠れはするが，冷たい空気が肺に入って体温が下がりすぎる。理想的な室温は布団から出た時1枚羽織ってちょうど良い15～18℃くらい。……
(朝日新聞2014年1月11日朝刊「元気のひけつ」より引用)

2章：健康の領域

　直腸温が35℃以下にまで下がることを，低体温症と呼びます。体温がここまで下がると，心臓発作や腎機能，肝機能障害が起こり，死に至ることもあります。高齢によって自覚のないまま体温が下がっていくことを，老人性低体温症と呼びます。高齢者は持病の服薬や自律神経障害などで寒さに対する感覚が鈍くなり，体温を保つ機能がうまく働きません。

　日本救急医学会による低体温症の調査（2010年12月から3か月間）では，低体温症と診断された症例の平均年齢は70.4歳で，症例の77％は60歳以上の高齢者でした。また，屋内での発症が屋外の3倍もありました。

　家の中が寒いことで，高齢者が低体温症の危険にさらされているとしたら，とても残念でおそろしいことです。このような低体温症を防ぐには，室温を19℃以上に保つことが必要だといわれています。

　朝日新聞2014年1月11日朝刊の記事に，冬に快適に眠る環境は15〜18℃くらいだと書かれています。重要なことはその温度のことよりも，「暖かい布団があれば眠れはするが，冷たい空気が肺に入って体温が下がりすぎる」という部分です。寝ている間ズーッと肺が冷えているかと思うと，ぞっとしませんか。

2-5 意味不明な省エネ基準

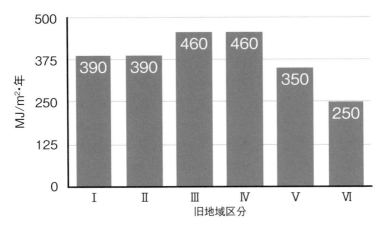

省エネ基準1999の暖冷房負荷の基準値　グラフ1

基準値	1	2	3	4	5	6	7	8
外皮平均熱貫流率 U_A	0.46	0.46	0.56	0.75	0.87	0.87	0.87	—
平均日射熱取得率 η_A	—	—	—	—	3.0	2.8	2.7	3.2

省エネ基準2013の基準値　表1

※省エネ基準2013は，地域区分が8に拡大しました。旧I地域の北海道が1と2に分かれ，旧IV地域も5と6に分かれました。地域区分を拡大させたのに，U_A値は1と2が同じ，5〜7が同じのままになっています。

2章：健康の領域

「届かないレベル」は健康の領域だといいましたが，では省エネ基準はこの健康とどう関係するのでしょうか。

答えを求める前に，まずは省エネ基準がどんな意味でつくられていたのかを探ってみましょう。

省エネ基準の意味となると，「地球温暖化が進み……」「家庭部門のエネルギー使用量は年々増え続けており……」「住宅の断熱化が必要である……」という前提ばかりが大きくて，ではどれだけ家が断熱性を高めれば，5年先，10年先どれだけ減少するのか……，といった数値目標を聞くことはありません。ともかく省エネが大事，断熱化が必要……という漠然とした説明をされるだけです。

とはいえ1999年基準にはきちんと，目標とする断熱負荷が示されています（グラフ1）。この暖冷房負荷から逆算して必要な断熱性能（Q値/熱損失係数）が割り出され，それを実現する天井，壁，床の断熱厚みと窓の断熱性が仕様規定として示されました。根拠はしっかりあったのです。

でも，問題はその暖冷房負荷です。1999年基準は地域区分は六つ（2013年基準は8地域に拡大）で，Ⅰの北海道，Ⅱの北東北が390 MJであるのに対して，Ⅲの南東北，Ⅳの関東〜関西が460 MJと，Ⅰ，Ⅱ地域より大きくなっています。

寒冷地より，温暖地の方が暖冷房負荷を大きくしてよいなんておかしな話です。日本全体を同じにするか，北高〜南低になるのが当たりまえ……。これは一体どういうことなのでしょう。

※現行省エネ基準も，1999年基準をスライドさせましたから暖冷房負荷は同じようにおかしなままです。

2-6 | 実現可能なめざすレベル

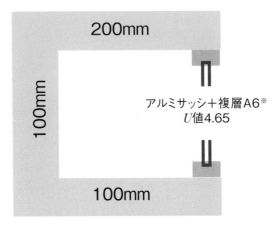

省エネ基準1999・IV地域を満たす断熱構成　図1
※複層ガラス・空気層6mm

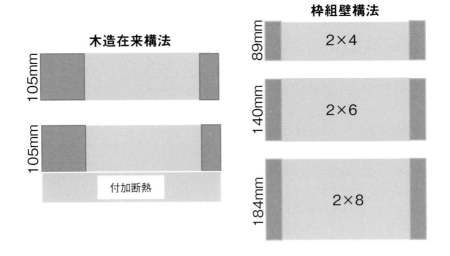

木造在来構法は，柱が105mm角なので，105mm角以上は付加断熱にしなければならないが，枠組壁構法の場合は充填のまま厚みを増やせます

2章：健康の領域

　では，なぜ温暖地の方が寒冷地より暖冷房負荷を大きくしてよいことになったのでしょうか。

　実は温暖化防止のための緻密な計算があったわけではなく，旧Ⅲ，Ⅳ地域は「まだ断熱施工技術が未熟なこと，断熱窓が未だ普及していない」ことから，「実現可能なめざすレベル」に甘んじたものになったのです。

　図1は，Ⅳ地域の基準値を満たす断熱構成のモデル仕様です。壁に厚100 mm，床に厚100 mm，天井に厚200 mm，そして窓はアルミサッシ＋複層A6（U値4.65）という構成になります。壁が厚100 mmなのは木造軸組構法の柱の寸法が105 mm角だからで，厚100 mmなら楽に充填できます。これが厚150 mm必要だったら，厚100 mmを充填し，厚50 mmを柱の外に付加しなければならなくなります。そのため，厚100 mmに抑えることは日本的に重要なことでした。

　天井は厚みに限定はないので，厚200 mmとし，窓は普及度を鑑みてアルミサッシ＋複層A6が無理のないところ……と，判断されたのでしょう。

　先に，暖冷房負荷から逆算して……と述べましたが，そうではなく断熱仕様を固めてから暖冷房負荷を計算したということ。Ⅰ，Ⅱの寒冷地で暖冷房負荷が小さいのは，断熱施工技術に習熟していると判断されたためです。

　こんな事情を知れば省エネ基準が幼稚に見えてきますが，こんな判断を委員会にさせたのは，業界が断熱に無関心だったからです。17年前（1999年）のこととすればわからないこともありませんが，その当時の判断がそのまま現行省エネ基準にスライドされているのは情けないこと。国が弱いと攻める前に業界が情けない……。その前に推進者の端くれである筆者はもっと情けないと，反省しなければいけません。

2-7 省エネ基準の意味① 10℃

まずは結露防止，ヒートショック防止

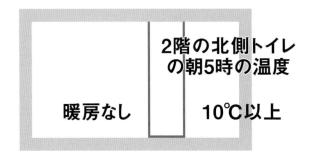

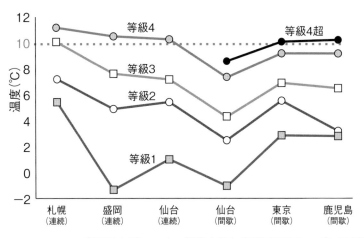

暖房スケジュール・断熱水準と非暖房室のシーズン最低温度
（出典：鈴木大隆「高断熱のこれから」建築技術 2010年1月号）

2章：健康の領域

　届かないレベルに断熱を載せても，省エネにはならない……といいましたが，でも断熱することで最低温度を高めることができます。
　家の中は，日射や生活熱によって外気温より高くなります。これを自然温度と呼びますが，断熱性が高まれば自然温度は高くなります。断熱化は，「非暖房室の温度」と「朝起きた時の温度」を高めます。
　居室は暖房しても，トイレや浴室，廊下は暖房しない。そして，暖房する時間と暖房しない時間のある状況を居室間欠暖房と呼びます（76頁参照）。日本の家は基本的に居室間欠暖房で，室間温度差による結露やヒートショックが起きやすい環境にあります。そこで，室温が健康を守るための最低温度を下まわらないこと……。そこに，省エネ基準の意味が生まれます。
　根拠は曖昧ですが，筆者はその最低温度を10℃と考えます。結露をつくらない，ヒートショックを防ぐという意味で，家の中に10℃以下の部分をつくらないことが重要です。家の中で最も低温になる，明け方の2階の北側のトイレの温度を10℃以下にしないために必要な断熱性能について，鈴木大隆氏がシミュレーションしています。結果は，東京であれば省エネ基準を超えるレベルとなりました（グラフ2）。
　ここで，省エネ基準は10℃以上を維持するには少し足りませんが，シミュレーションより実際は少し高い温度になるという（これも根拠はなく，経験上のイメージでしかありませんが）判断から，省エネ基準＝10℃以上を維持する一つの目安と考えることにしました。
　ここに至って，**省エネ基準は健康を維持する最低限の性能**という意味ができました。

2-8 省エネ基準の意味② その他

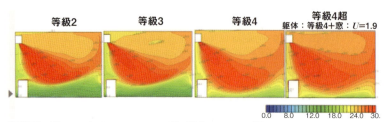

断熱性の違いによるエアコンの暖気が床下に至る様子
※等級2：1984基準レベル，等級3：1984基準レベル，等級4：1999基準レベル
エアコン暖房による室温と断熱水準の関係　　図1
(出典：鈴木大隆「NEB・EBからみる断熱・遮熱水準」建築技術 2013年1月号)

パッシブ効果を活かす
※南雄三宅　縁側から日射が入り室温は20～21℃になる

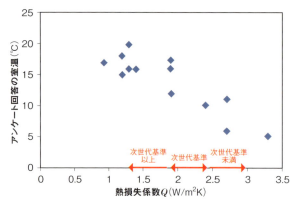

停電時に暖房を使用しなかった世帯における熱損失係数と室温の関係　　グラフ1

2章：健康の領域

省エネ基準は，家の中の最低温度を10℃以上に保って，健康を維持するための最低レベルとして意味をもつものになりましたが，この他にも意味を見つけることができます。

●エアコン暖房における暖房効率を妨げない

図1のように断熱性が低いと，エアコンの吹き出す暖気が床下まで下がらないのに対して，等級4（現行省エネ基準レベル）以上になると，暖気が床下まで下がります。

これは断熱性が高まることで，周壁（天井，壁，床，窓）の表面温度が高まるためです。

●パッシブ効果を活かす

日射を取り込めば室内はポカポカですが，冷え切った部屋では20℃を超えることができません。20℃以上にするには，「ある程度の断熱性」が必要です。そのある程度の最低が現行の省エネ規準レベルと考えます。これは南雄三宅（拙宅）での経験から判断されるもので，科学的な根拠はありません。

●災害時の安全

そしてもう一つ，災害時にライフラインが数日停止すれば，暖房機の大半が動かなくなります。こんなときでも，おおむね10℃を下まわらない室温が求められます。

グラフ1は東日本大震災で3，4日停電した家の温熱状態を断熱性能別にアンケート調査した結果です。次世代基準（現行省エネ規準と同等）で10℃を確保，次世代基準以上では15℃を確保，次世代基準未満では10℃を切っていることがわかります。つまり省エネ規準レベルであれば，3日くらいの停電でも10℃以上をキープできるといえるのです。

以上のように，省エネ規準は暖房効率，パッシブ効果，災害時の安全において，最低レベルという意味をもっています。

2-9 | 伝統木造だって実現可能

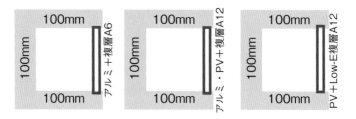

窓の仕様	アルミ＋複層A6 U：4.65 η：0.79	アルミ・PV＋複層A12 U：3.49 η：0.79	PV＋Low-E複層A12 U：2.33 η：0.64
U_A	0.9	0.77	0.66
η_A	2.7	2.7	2.4

在来木造充填断熱　屋根GW厚100充填＋壁GW厚100充填＋床GW厚100充填
表1

※計算したモデル住宅は81，264頁参照

5〜7地域では，窓がアルミ＋複層A6ではちょっと不足。
アルミ・樹脂複合サッシ＋複層A12でギリギリ合格，
樹脂サッシ＋Low-E複層A12なら4地域もクリア

	1	2	3	4	5	6	7	8
U_A	0.46	0.46	0.56	0.75	0.87	0.87	0.87	—
η_A	—	—	—	—	3.0	2.8	2.7	3.2

省エネ基準2013・外皮基準値　表2

2章：健康の領域

　伝統派の人たちの中には、「土壁だけでも寒くない……」と嘯ぶる人が少なくありません。実際は断熱がなければ寒いことも承知しているのですが、伝統の技術や美しさを失うことに抵抗があり、人工の断熱材を用いて、人工的な空調で快適を得ることに違和感をもっているのです。
　でも、伝統派に限らず省エネ基準を高嶺の花だと考えている業者のほとんどは、省エネ基準が実際にどれだけの断熱構成になっているのか知らないことが多いのです。
　52頁に省エネ基準の断熱モデルを示しましたが、そこでは天井がグラスウール厚200 mm、壁・床が厚100 mmです。天井、壁、床すべてを厚100 mmにしてもアルミサッシ・厚6 mmペア（U値4.65）では0.9と僅かに不足しますが、アルミ・樹脂複合サッシで複層A12（U値3.49）を使えばギリギリ合格します。次にサッシを樹脂に替え、ガラスをLow-E（U値2.33）にすると、軽々とクリアしてしまいます。
　つまりグラスウール厚100 mmでも断熱窓にすれば、省エネ基準はまったくむずかしいものではありません。
　厚105 mmの在来木造住宅にグラスウール厚100 mm充填するのは当たり前で、厚50 mmで済ますことはあり得ないことです。とすれば日本の木造住宅は厚100 mmが最低で、そこに防露を考えて、最低でもアルミ・樹脂複合サッシ＋複層A12の窓を搭載すれば省エネ基準はクリアできます。つまり、在来木造住宅の最低の断熱厚さと最低の断熱窓が省エネ基準にピッタリ当てはまることになり、健康の最低と施工・性能の最低の両面で、省エネ基準は超えなければならない最低ということです。
　伝統派がつくる家は当然木製窓のはずで、木製サッシは樹脂サッシと同じ高断熱。そこにLow-E複層A12をはめたら、楽々4地域までクリアしてしまいます。気づかないうちに、省エネ基準はクリアしているのではないでしょうか。

2-10 土壁だって実現可能

築70年の拙宅は土壁。そこに硬質発泡ウレタンボードを外張して断熱改修した

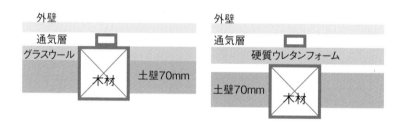

	屋根/天井：GW300 U：0.303 壁：土壁＋GW30 U：0.994 木製＋Low-E複層A12 U：2.33　η：0.64	屋根/天井：GW100 U：0.513 壁：土壁＋PU20外張 U：0.701 木製＋Low-E複層A12 U：2.33　η：0.64	屋根/天井：GW100 U：0.513 壁：土壁＋PU20外張 U：0.701 木製＋複層A6 U：2.91　η：0.79
U_A	0.87	0.77	0.83
η_A	2.7	2.5	2.9　不適合

在来木造構法・土壁・70mm　表1

※計算したモデル住宅は80, 264頁参照

2章：健康の領域

　伝統派はまた，断熱化すれば「土壁が使えない」と思い込んでいます。もちろん誤解で，土壁が使えないわけがありません。
　築70年の古住宅を，断熱改修した拙宅はもちろん土壁でした。そのボロボロになっていた土壁を，宝物のように大事に残して外張断熱にしました。
　最近では，大阪で代々左官屋を継承してきた家に生まれ育った豊田保之さん，そして岐阜県恵那市の金子一弘さんは，新築でも土壁＋外張断熱の家を設計しています。
　外張断熱にしなくても，土壁の裏にグラスウールを充填し，断熱性が不足する分は天井（屋根）に多目に充填することで断熱性を高めることもできます。
　壁にグラスウール厚30 mmだけでも，天井に厚300 mm充填し，窓を木製（または樹脂）サッシ＋Low-E複層A12にすれば，6地域の基準（0.87以下）にギリギリ合格します。
　また，土壁の外側に断熱性のよいプラスチック系の断熱ボードを厚20 mmほど外張すれば，屋根にグラスウールを厚100 mmだけでも5〜7地域の基準に適合します。
　さらに，木製＋Low-E複層A12にすれば，4地域にちょっと不足なところまで達します。
　このように土壁の家は省エネ基準に適合できない……というのは，間違った思い込みといえます。
　家が断熱化すれば日本の家から土壁がなくなる……などと，憂う時間があったら，断熱化した土壁住宅がどれほど魅力的なものになるのかを楽しく構想するべきでしょう。

2-11 義務化には反対

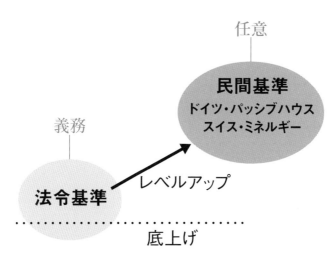

ドイツ，スイスでは法令基準で底上げ，民間基準でレベルアップ

2章：健康の領域

　建築技術2010年1月号の特集「省エネ住宅・新時代」で，国土交通省住宅局住宅生産課は「省エネ法改正2009」の中で，「住宅・建築物の省エネルギー性能は，例えば地震に対する安全性に関する性能のように一定の水準を確保することが不可欠であり，一方，その水準を満たせば足りるという性格のものではなく，市場における技術水準等を勘案し，できる限りの努力を求めていくべき性格のもの，すなわち，一定の水準に達することを不可欠としたり，あるいは，一定の水準に達していればそれで済むという性格のものではない」と述べています。

　つまり，省エネは耐震や防火と違い，その性格上「義務化」は似合わないということ。

　筆者もこの考えに賛同し，他のいくつかの点も含めて義務化には反対していました。家をつくるなら，省エネ基準を超えなければならないといいながら，義務化に反対するのは……。

●基準値レベルが健康を維持する最低で，省エネの域ではないこと。つまり，省エネ基準として義務づけるものではなく，健康基準として義務づけられるべきであること。
●基準は「最低を示し」，「底上げ」が目的でよいのですが，「基準値をクリアすれば健康で省エネ」のお墨つきを与えることになり，最低レベルであることを知らない消費者は，高性能と思い込んでしまう危険があります。これでは断熱・省エネにこだわり，頑張る業者の向上心が失われます。
●以上のことから義務化には反対ですが，一方で断熱性・省エネ性を数値で示す（性能表示）ことを義務づけたいと考えています。これにより，詳細な性能を建主に伝えることができ，熱心な業者のレベルアップの原動力となります。
●とはいえ義務化は決定事項です。ならば基準の意味を広く伝えて，性能を表示することを重視し，さらに上の基準を民間の立場でつくることが必要だと考えます。

2-12 | 10℃では快適じゃない

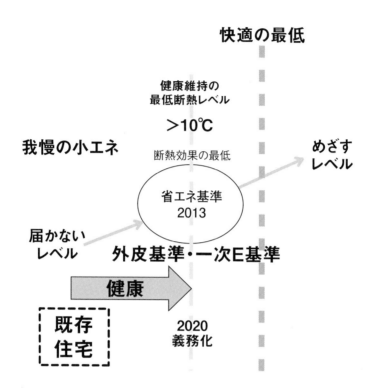

2章：健康の領域

　省エネ基準の外皮基準は健康を維持する最低限の性能という意味から生まれた……と述べましたが，その温度は10℃。普段暖房しない部屋（非暖房室）やトイレが10℃を下まわらないということで，日中日射を浴びている南向きの部屋は20℃以上になることもあるでしょうし，暖房すれば20℃にすることができても，非暖房室やトイレは20℃になりません。そんな状況で，朝方10℃以下にしない断熱性の目安が省エネ基準レベルだとすれば，すべての家が省エネ基準レベル以上の断熱性能をもたなければいけないということになります。

義務化と既存不適格
　省エネ基準は2020年に義務化し，確認申請時に性能審査を受け，基準を満たしていなければ建設できないことになります。2020年まではフリーですが，この間基準以下でつくったとしたら，2020年以降は既存不適格の烙印を押されてしまいます。言い換えれば違法建築。夢のマイホームに不名誉な烙印が押されれば，もちろん資産価値に影響がでてきます。
　2016年4月1日からスタートした建築物省エネ法は，「伝統建築」と認められるものは省エネ基準を義務づけないことになりそうです（2016年3月現在）が，伝統建築としての価値と健康を維持することの価値，そして資産価値としての価値を総合して，断熱化を避けるか，受け入れるかを検討しなければいけません。
　さて，本章は省エネ基準に届かないレベルの領域を「健康の域」として捉え，非暖房室の最低温度を10℃以下にしない断熱性として，省エネ基準レベルを目安にしようと提案しました。健康の最低温度を省エネ基準でクリアできたとしても，朝10℃で起きるのはやはり「寒い」といわざるを得ません。
　次章では，快適の最低温度を考えようと思います。

省エネ基準を超えたら「めざすレベル」が始まります。そこには、世界基準もあれば ZEH もあります。でも筆者は、日本らしく次に快適を求めるレベルがあると考えています。健康の最低は超えなければいけないが、快適は色々あってよいと思います。でも快適の最低を想定する必要はあって、本章ではその温度と断熱性を探ってみようと思います。

3 快適の領域

絵は会津の居酒屋でいただいた会津塗りの酒差しと起き上がり小法師（左頁）とヴェニスのカフェと AC ミランの珈琲カップ（右頁）

3-1 省エネ基準を超えたら

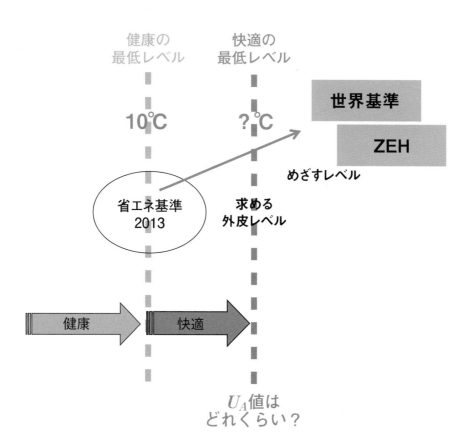

3章：快適の領域

　省エネ基準を「健康を守り，断熱が活きる最低レベル」と位置づけてみたところで，これで断熱は十分だといっているわけではありません。これ以下の家を，つくってはいけないことがわかっただけです。では，求めるレベルはどこにあるのでしょうか。
　省エネ基準を超えたら，めざすレベルが始まります。そこには世界基準の超高断熱もあれば，ZEH もあります。でも筆者は，日本らしく次に快適を求めるレベルがあると考えています。

一筋縄ではいかない日本の複雑
　日本らしく……といいましたが，そこには寒冷から蒸暑までの広がり。冬に日射の多いところと少ないところ，そして都会とローカル，高齢世帯と若い世帯……，小さい島国なのにバリエーション豊富な日本では暖冷房の形ひとつとっても色々でとにかく複雑……，一筋縄ではいかないのです。

全館連続と居室間歇
　欧米は全館連続暖房が当たり前ですが，日本は北海道を除けば居室間歇暖房が当たり前です。暖かい生活を人権として考えるのが欧米なら，日本は贅沢と考えます。
　日本らしさを表現する言葉を拾ってみれば，
●高断熱住宅は，1 階に暖房用のエアコン 1 台と 2 階に冷房用のエアコン 1 台で十分
●LDK は 20℃でも，トイレや子ども部屋は少し寒くていい
●世界基準レベルの分厚い断熱が自慢の家でも全館連続暖房ではなくて，夜中に暖房を停止していたりします（さすがに高性能なので朝 17℃を維持します）。
　これらは全館連続暖房ではなく，寒さを残した快適追求で，欧米よりレベルが低いというものではありません。それどころか，「20℃以下の方が寝やすい」「温度が下がって過乾燥が防げる」という好ましい副産物を生み出します。

3-2 快適は色々あってよい

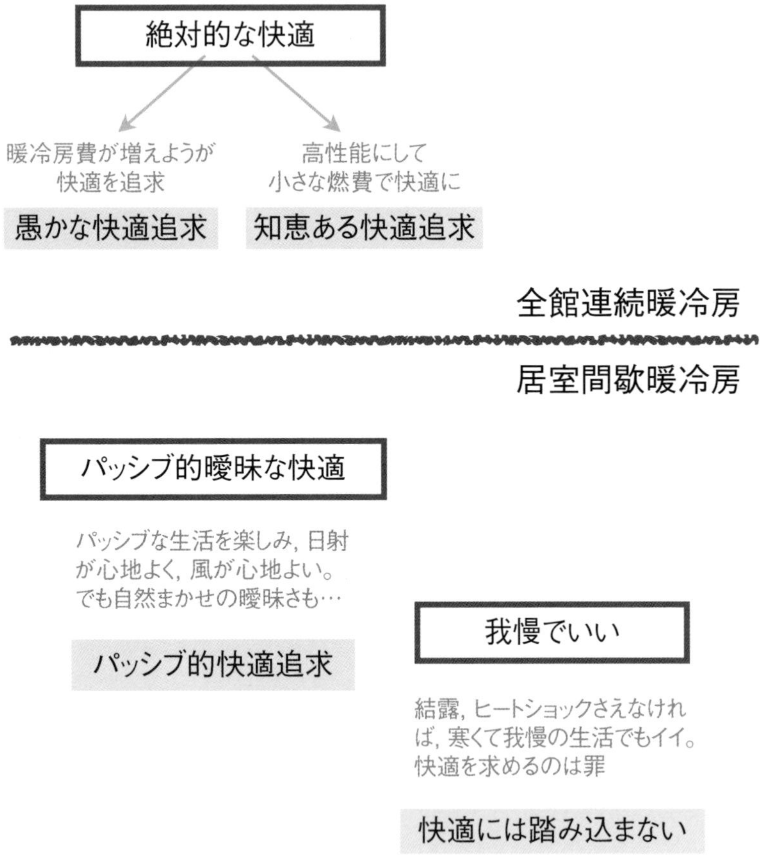

絶対的な快適

暖冷房費が増えようが快適を追求
愚かな快適追求

高性能にして小さな燃費で快適に
知恵ある快適追求

全館連続暖冷房
───────────────
居室間歇暖冷房

パッシブ的曖昧な快適

パッシブな生活を楽しみ，日射が心地よく，風が心地よい。でも自然まかせの曖昧さも…
パッシブ的快適追求

我慢でいい

結露，ヒートショックさえなければ，寒くて我慢の生活でもイイ。快適を求めるのは罪
快適には踏み込まない

3章：快適の領域

　北海道で高性能住宅を設計する建築家・山本亜耕氏から，「本州は寒さを残しながら，断熱・省エネをはじめている」という興味深い言葉をいただきました。家全体をいつも暖かくしている北海道と違って，本州は少しくらい寒くてもイイという生活をしています。北海道でもそういう生活を見直してもよいのでは。だからといって，我慢の域であってはいけない。そこで亜耕さんは分厚い断熱壁をつくりながら，「これで南さんのいうなまごろし温度が実現できる」といいます。さて，なまごろし温度とはどんな温度？

快適は色々あってよい
　健康の最低温度はしっかり抑える必要がありますが，快適の追求は色々あってよいと思います。
　冬は全館連続暖房で20℃以上，夏も全館連続暖房で28℃60％以下……といった絶対的な快適を求めることも，太陽や風と戯れて少しは我慢も気持ちよい……というパッシブ的曖昧な快適でも。そして，結露やヒートショックを防ぐ温度をクリアすれば，寒くて我慢の生活でもイイ……といったものでも。ただ，絶対的な快適追求は高性能が条件で，湯水のようにエネルギーを使用して……は愚かでしかありません。
　28頁で紹介したアメリカ，欧州の家はこの状況に近いのです。欧米だって既存住宅は，無断熱や低断熱の住宅がまだまだ存在します。それでもガンガン暖房して，湯水のようにエネルギーを消費しながら快適を得ています。
　欧米はこうして高断熱の家も低断熱の家も快適の域にあるので，高断熱化することがそのまま省エネに働きます。日本では「我慢の小エネ」状態なので，まずは健康を維持できる温度まで高め，次に快適の最低までもっていき，もっと快適を求めるときに，断熱化は省エネに働く……という順序で，考えていかなければならないのです。

3-3 冬に日射がたっぷりの快適

南雄三邸外観

南雄三邸の冬の外気温と室温

3章：快適の領域

　快適の最低について……，具体的に説明しましょう。
　写真は拙宅（南雄三邸）です（82頁参照）。東京・新宿にある築70年の古住宅を断熱改修したのが1995年秋で，グラフは初めて迎える冬の外気温と室温です。
　とても寒い日でも外気温は0℃を下まわらず，3℃以上が普通です。毎日晴れるといってもよいくらいに晴天が続き，日中の外気温は7～10℃くらいまで上昇します。
　室内は日中の日射取得で1階居間は21℃，2階寝室は24℃まで上昇し，ポカポカです。
　とはいえ陽が陰る夕方は，18℃くらいまで下がります。グラフの○印は，家族が居間に集まって食事をとると，室温が1℃ほど高まる様子を示しています。居間には炬燵があるので，家の暖房はなしのまま19℃で就寝すれば，朝16℃で起きるという状況です。
　この状況だと日中の日射熱を暖房として利用し，そのまま炬燵で暖を採るくらいで1日が回転します。もちろん曇の日は暖房が必要か，または炬燵に入って，少し我慢で過ごします。
　太陽が暖房機という状況は，エアコンとはまったく違った温熱感です。陽が差すことの豊かさは，部屋を暖めることに幸せ感がのっかります。室温より高温の熱が，水平面から差し込んでいる状況は快適において極上の状況なのです。
　でも，陽は夕方までしかありません。少しずつ温度が下がっていきます。それでもエアコンを運転しようとせず，温度低下をぼんやりと受け止めてしまいます。陽が差さなくなったのだから少し寒くて当たり前。そう思いながら陽が差していた昼の快適に感謝するような，名残惜しいような……おかしな気持ちになります。

3-4 | なまごろし温度

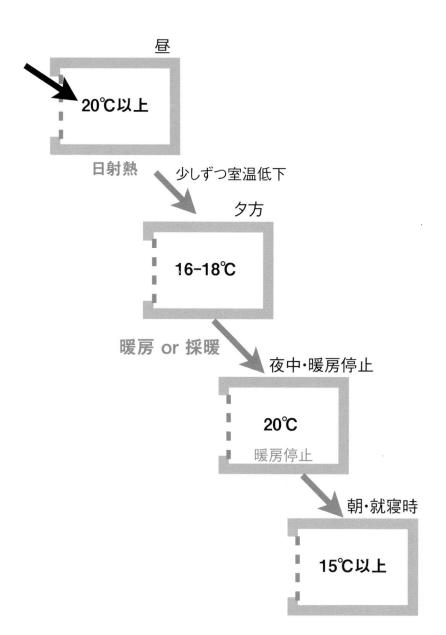

3章：快適の領域

　拙宅（南雄三邸）朝の温度は16℃でした（72頁グラフ）。前夜の就寝時は19℃なので，下がったのはたったの3℃。
　秋田で高断熱・高気密住宅を建設した工務店が，施主に対して連続暖房するように伝えたのですが，施主の奥様から「そういわれたけど，寝る時に暖房は切っています。それでも3℃しか下がらないのですよ」といわれました。
　その場で工務店と一緒にその言葉を聞いた筆者は……，そうか朝まで3℃しか下がらないのなら，寝るときに暖房を切るのが自然なのかもしれないと思いました。厳寒の秋田でさえこうした気持ちになるのですから，温暖で毎日のように晴れる東京なら，暖房を切って当然。実際に自宅を断熱改修してみれば，秋田の奥様がいわれるとおり朝まで3℃しか下がらず，16℃で起きていました。そして，「16℃で起きれれば御の字だ」という気持ちにもなりました。
　だからといって，朝15，16℃で起きるのが寒くないということではありません。ちょっと布団から出るのが辛いくらいですが，出てしまえば薄いパジャマのままでもまるで苦痛はありません。
　そのまま1階に降りて，忙しく洗面所で顔を洗い，居間で食事をすれば出掛ける時間です。わが家は炬燵があるので15，16℃でも寒いことはなく，畳と無垢のサワラの板は冷たくもなくて，無暖房のまま出掛けてしまう毎日でした。
　でも，残された家内にとってこの温度は寒いはずですが，10時になれば陽が差してきて，また暖かい昼が始まります。
　こうして暖かいわけではないけど寒くもなく，我慢しているような気がするけど暖房するほどではない……，なんだか騙されているような気持ち。そんな温度のことを何と呼べばよいのかと考えて，思いついたのが「なまごろし温度」でした。

3-5 居室間歇暖房とは？

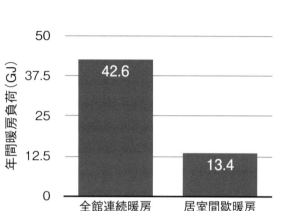

断熱範囲による暖房負荷の差　グラフ1
(断熱：外皮基準レベル)

　これまで温度を気にしてきましたが、それは居室間歇暖房だからで、欧米のように全館連続暖房が当たり前なら温度など気にする必要はありません。ごく日本的に、居室間歇暖房で快適を考えているということです。

　さて、居室間歇暖房と全館連続暖房では大幅に暖房負荷は違ってきます。グラフは、省エネ基準2015の一次エネルギープログラムで計算した結果です。居室間歇暖房は、全館連続暖房の1/3で済んでしまいます。こんなに違うのか！　と驚かれる人もいると思いますが、暖房機が全館連続暖房ではセントラル空調機（ヒートポンプ式熱源）に設定されており、その効率は居室間歇暖房の小さなエアコンに比べて低いというハンデもあってのこと。なので、単

3章：快適の領域

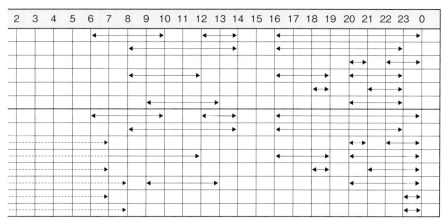

凡例 ◄─────► 暖冷房運転時間帯（起居時），◄-----► 暖冷房運転時間帯（就寝時）

居室間歇暖冷房の使用時間帯条件　冬期 20℃，夏期 28℃・60%
（出展：『自立循環型住宅への設計ガイドライン・温暖地版』（一財）建築環境・省エネルギー機構）

に暖房範囲が大きいだけで，全館連続暖房が居室間歇暖房の3倍になるわけではありません。また，家の大きさや地域区分によっても違ってきます。

では，居室間歇暖房とはどんなスケジュールで暖房しているのでしょう。上表は部屋別に暖房，冷房の使用状況を示したもので，年間暖冷房負荷はこのスケジュールで平日と休日に当てはめて計算しているのです。こんなにシビアに計算しているとは……と感心します。LDK は朝から夜中まで長く暖房しますが，子ども部屋は平日なら3時間だけです。こんなに少ないのか……と驚きながら，普段の生活を思い浮かべてみると「そうだねえ，これくらいだな」と納得させられます。

3-6 非暖房室の温度

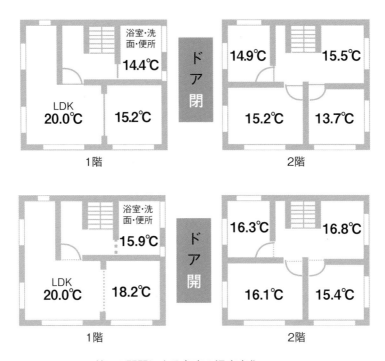

ドアの開閉による各室の温度変化
東京：40坪／断熱：省エネ基準レベル／換気：第3種/0.5回/h
（出典：本間義則「部分暖房での防露の方策」建築技術2001年10月号より引用編集）

	ドア閉	ドア開	全館連続暖房
熱損失(Wh)	1,949	2,280	2,910

ドアの開閉による熱損失量

3章：快適の領域

　居室間歇暖房は，暖房時に暖房室だけ20℃になる計算をしますが，その熱は非暖房室にも流れていきます。この流れを邪魔するのが間仕切壁で，間仕切壁をとって開放的になれば，熱は容易に広がっていきます。これは居室間歇暖房ではなくて，全館連続暖房ではないの？　といわれそうですが，あくまで全館連続暖房は家中すべてが20℃という判断です。

　暖房室を熱源として非暖房室に熱が流れていくとき，外皮の断熱性が低ければ熱は外に流れて，非暖房室の温度は高まりませんが，断熱性が高くなるほど高まります。図はそんな温度観を示しています。

　ドアを閉めても第3種換気をしているので，ドアのアンダーカットから空気が出入りして僅かに熱は移動します。それでもドアを開け放つ量に比べてわずかです。

●ドアを閉めたままだと，非暖房室は14〜15℃で，最低が13.7℃です。暖房室との温度差は5〜6℃。

●ドアを開放するとドア閉に比べて，非暖房室の各室の温度は1〜1.5℃高まります。また，2階の居室の最低温度が13.7℃から15.4℃に高まります。

　このとき，熱損失はドアを閉めた場合に比べて17％しか増えませんから，開放する方がお得だといえます。

　また，全館連続暖房の場合と比べると，ドア開放より28％の増加ですから，このくらいで全室20℃にできるなら，全館連続暖房の方がいいか……と考えてもよいでしょう。

　もちろん断熱性を高めれば，全館連続暖房でもドア開放と同じ暖房負荷にすることもできます。

　ということで，居室間歇暖房ではなく全館連続暖房を選ぶべきか？　ここは結論を急がずに，もう少し居室間歇暖房のイメージを追い掛けていきましょう。

3-7 温熱・省エネ計算の住宅モデル

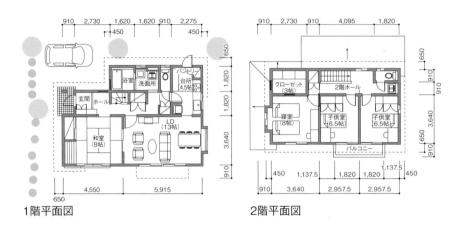

1階平面図　　　2階平面図

省エネ計算でよく用いられるプラン

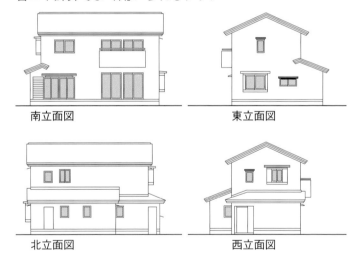

南立面図　　　東立面図

北立面図　　　西立面図

3章：快適の領域

　省エネ住宅の評価によく使われるのが，80頁の住宅モデルです。床面積は120.08 m^2，夫婦＋子ども2人の4人家族を想定しています。普通にある家の間取りといえますし，通風や日照に配慮した窓の配置，下屋があって断熱施工も計算も面倒なところを残すなど，モデルとしてはなかなかよく考えられています。

　でも，高断熱な家としては間取りが窮屈で，暖房設計が面倒にみえます。断熱性が低いから細かく間仕切り，LDK中心の暖房を想定するという，「寒い家の典型的なジレンマ」に陥っていますし，窓も大きいとはいえず，日射取得に積極的とはいえません。

　これに対して，高断熱の家ならここまで開放的にできるぞ……と，考えてつくってみたのが下の住宅モデルです。もちろん熱の評価でわかりやすいように単純さを追求していますから，違和感があると思います。詳細は264頁を参照してもらって，高断熱住宅だとこんな風に開放的になることだけをみてください。こんな間取りならLDKを暖房するだけで，家全体に熱がまわります。

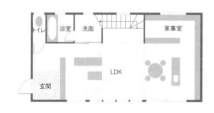
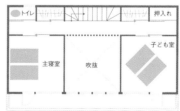

本書・省エネ計算のモデルプラン

南面　　　北面

3-8 ｜2階の温度

2階には南西から強い日が差している

2階の縁側に差し込む強い日射

2001年1月14日午後3時

1階縁側には壁に反射した弱々しい日射と
わずかな直達光があるだけ

2階に寝室のある家は多く，冬に日射の多い地域なら，2階は日射が入ればポッカポカです。1階より長い時間日射が取り込める分，温度も上昇します。

拙宅の2階は日中，晴れれば，24℃まで高まります（72頁グラフ参照）。ここまで高まると，夜9時でも床のサワラの無垢板は，ほんのりとぬくもりが残っているほどです。そのまま無暖房のままで，就寝時まで18℃台をキープします。とはいえ曇の日は16℃台で，晴れた日より2℃ほど低くなります。

非暖房室は温度が安定

曇の日は晴れた日に比べて，就寝時に2℃の差がついても，起床時の差は1℃程度です。暖房（日射も暖房）しない部屋は，温度変化が小さいのです。

太陽熱は偉大

拙宅は1〜2階の間に1.5畳ほどの吹抜があり，そこから1階の熱が2階に上ります。温度測定した冬は，1階居間を夜は暖房して，夜中に停止しました（32頁グラフ上参照）。その熱が2階にまわっていたはずですが，晴れた日と曇の日で2℃ほど差がありますから，日中の太陽熱の方が1階の暖房熱の巡りより大きな熱だとわかります。

以上のように2階は無暖房状態ですが，冬に日射量の多い地域で日射を取り入れる設計をすれば，就寝時に寝間着姿で寒いということはありません。それでも子ども部屋で机に向かって静かに勉強していたら，足元が寒いと感じるでしょう。こんなときどんな対策をとるのか……，そこが断熱設計の面白いところ。その話は後章で紹介します。

また，拙宅を例にして日射の多い地域の話になりましたが，日射の少ない地域では，非暖房室の2階は15〜16℃をうろうろするのでしょう。東京ならめったにない曇の日の状態で，我慢で過ごしてしまう範疇でも，雪国ではそうはいかないのでしょう。

3-9 | 快適の最低は 20℃〜15℃

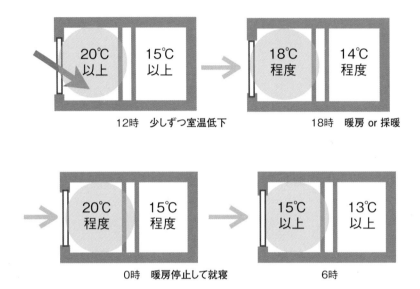

20℃〜15℃のイメージ

「日射が入った部屋は 20℃（無暖房で）で非暖房室は 15℃以上，夜中暖房を切っても朝 15℃以上を保つ。日中 20℃以上になった LDK は，日が落ちた夕方には 16〜17℃まで温度を下げるが，そこで少し暖房して 20℃とし，暖房を停止して就寝しても，朝まで 15℃以下にならない」

3章：快適の領域

さて，温度について色々と曖昧に述べてきましたが，あくまで筆者の経験から判断していることでしかありませんが，「なまごろし温度」を，「快適の最低」として位置づけようと思います。そんなの科学的ではない……といわれそうですが，そのとおりで，筆者の考えでしかありません。でも，快適に一つの答えはありません。快適性の科学について勉強もしましたが，オフィスのように空調温度を一つに設定しなければならない場合には最大公約数を求めることになるのですが，家族の場合は異なります。

東京で１階に居るお年寄りが，２階に居る若い世帯が冷房をガンガン運転したがるので，寒くてしかたないと愚痴をこぼします。また，北海道では１階に居るお年寄りがガンガンストーブを焚くので，２階に居る若い世帯が熱くてしかたないと愚痴ります。また，厳寒な地域では寒さに対して過敏に身構えるのに対して，温暖地は大らかです。そして，冬に日射の少ない雪国の生活と日射の多い太平洋側の生活では温熱観も違ってきます。気候の違いによる快適感の違いについての研究はまだ未開発です。

したがって，家の断熱と快適を科学的に結びつけて判断することはできません。家の中を22℃で全館連続暖房すれば，そこで落ち着くのでしょうか？　ホテルに生活するような状況は「寒さを残しながら省エネに進んだ」者にとって快適とはいえず，どんなに世界基準の分厚い断熱をした家でも，夕方からの室温低下を少し我慢で乗り切り，これを「無暖房」と自慢してみせたりするのです。

そこで筆者は「なまごろし温度」を，快適の最低と考えることにしました。気づいたら無暖房で過ごしていた……，嫌なら暖房すればよいのだが……といった具合の，暖房するかしないかの分岐点が快適の最低といえます。筆者はこれを20℃〜15℃と呼んでいます。

3-10 求める断熱レベル

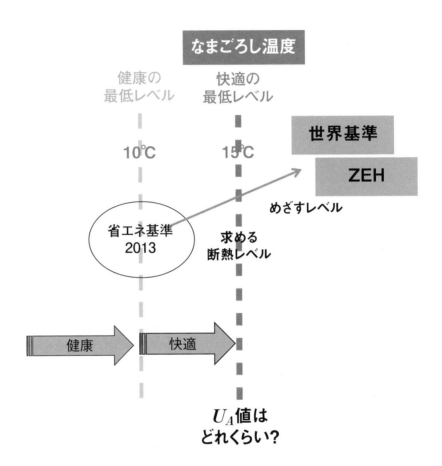

3章：快適の領域

20℃〜15℃を快適の最低とし，それを求める断熱レベルとすると，図のように位置づけられます。

15℃はなまごろし温度で，それ以上の温度を求めるなら「断熱性を高める」または「暖房する」ことになります。

断熱を高めて，起床時の温度を高めるのは早々簡単ではありません。それより暖房した方が楽でしょう。どっちがよいのかは，「省エネ」という観点と「コストパフォーマンス」という観点から考える必要があります。

省エネは世界の命題ですから，コストで不利になってもやるべき……という考えは立派ですが，とはいってもコストも重要というのなら，断熱が増える分のコストとランニングコストを比べ，何年で償却できればよしとするか判断しなければいけません。

また，これから日本の省エネ住宅施策がどのように動いていくのかも考える必要もあります。その流れが，住宅の資産価値に影響してくるからです。

ここでは，結論を急がずに先に進んでみたいと思います。

さて，20℃〜15℃を実現する断熱性能とはどれくらいのものなのでしょうか。

省エネ基準レベルが10℃以上の目安になってくれたのに対して，15℃の目安になる基準とは？　こうして，計算に疎い私たちは目の前に存在する基準を渡り歩くしかありません。省エネ基準では寒くてダメだと判断して，一挙に世界基準に飛んでみるような……。

3-11 | 15℃の断熱レベルとは？

HEAT20 G1・G2 断熱性能推奨水準 外皮平均熱貫流率 U_A 値 [W/m²K]

	1	2	3	4	5	6	7
G1	0.34	0.34	0.38	0.46	0.48	0.56	0.56
G2	0.28	0.28	0.28	0.34	0.34	0.46	0.46

（出典：HEAT20 設計ガイドブック作成 WG 編「HEAT20 設計ガイドブック」建築技術）

※日射熱遮蔽性能については，HEAT20 では平成 25 年省エネ基準の基準値を満足することを最低条件として，それ以上の高い水準値を設けていません．

ホームページ：http://www.heat20.jp
フェイスブック：https://www.facebook.com/HEAT-20-916395175075537/

HEAT20 グレードのラベル
（ホームページから申込み，ダウンロードできます）

3章：快適の領域

　20℃〜15℃の目安になる断熱性能を求めていた筆者の目の前に現れたのが，HEAT20 の研究でした。
　HEAT20 は「2020 年を見据えた住宅の高断熱化技術開発委員会」で，省エネ法の策定にも関わる研究者が主査を務め，住宅，建材などのメーカーおよび団体で構成される民間の研究委員会です。2009 年に設立されました。
　その研究成果として EB（エネルギーベネフィット）と NEB（ノンエネルギーベネフィット）の両面で求める断熱レベルを追求したところ，推奨グレードとして Q 値（熱損失係数）1.9 W/m²K 以下（旧Ⅳ地域）が想定されました。
　その根拠として，「全室で作用温度が 15℃以上となる割合は「Q 値 1.9 水準以上で約 80％以上」と書かれていました。つまり NEB で求める最低温度（作用温度）を 15℃として，約 80％以上の部位×時間を 15℃以上にできる断熱レベルを Q 値 1.9 としたのです。
　筆者はこの HEAT20 基準を利用して，「20℃〜15℃を実現する断熱レベルを Q 値 1.9 以下」としました。その後，HEAT20 に委員として筆者も参加しています。
　HEAT20 グレードは 2015 年に「HEAT20 設計ガイドブック」が編集される際，省エネ基準 2013 に合わせて U_A 値に変更しました。そして 2016 年 3 月の報告会では，5，6 地域だけだった基準値を全地域に拡大して発表しました。その基準値は 88 頁の表のとおりです。省エネ基準の矛盾点を見直して，地域区分を精査し，HEAT20 独自の基準値としてグレードは G1 と G2 の 2 本立てになりました。
　また，グレードを満たした住宅には HEAT20 グレードのラベルもできました。計算は申請者自身が行い，自己責任でラベルを表示しています。

3-12 | HEAT20 シナリオ①NEB-1

HEAT20　外皮性能グレードと住宅シナリオ-1					
地域区分		1・2 地域	3 地域		
暖房方式【暖房時間】	LDK	連続暖房【24 時間】	連続暖房【平日 24 時間, 休日 19 時間】		
	主寝室		在室時暖房（深夜・日中は除く）	【全日：9 時間】	
	子供室			【平日：3 時間】	
				【休日：7・10 時】	
	トイレ, 廊下, 浴室, 洗面室	暖房なし	暖房なし		
	和室				

想定する暖房方式　表 1

（出典：HEAT20 設計ガイドブック作成 WG 編「HEAT20 設計ガイドブック（第 3 刷）」建築技術）

　　　HEAT20 グレードが興味深いのは，省エネ基準が暖冷房エネルギー負荷で評価しているのに対して，温度で評価していることです。家の中が 15℃以下になる割合で G1 グレードと G2 グレードを想定し，そのうえで各グレードの省エネ性を評価しているのです。

　　　もちろん温度を評価するのですから，全館連続暖房ではなく居室間歇暖房を想定していて，日本らしい評価基準といえます。各地域の暖房方式の違いを表 1 に示します。

●寒冷地の 1, 2 地域は，トイレ, 廊下, 浴室, 洗面室（以下, 水まわり）と，和室以外は 24 時間連続暖房しています。
●準寒冷地の 3 地域は，LDK は平日 24 時間連続（休日は 19 時間）暖房しますが，主寝室は 9 時間，子ども室は平日 3 時間（休日 7・10 時間）暖房，水まわりと和室は暖房なしです。

3章：快適の領域

（2015年12月改定版）

	4〜7地域
在室時暖房 （深夜・日中は除く）	【平日：14時間】【休日：13時間】
	【全日：3時間】
	【平日：3時間】【休日：7・10時間】
	暖房なし

●温暖地の4〜7地域は，LDKは平日に14時間，休日は13時間暖房し，主寝室は3時間，子ども室は平日3時間（休日7・10時間）暖房しますが，水まわりと和室は暖房なしです。

　これらの設定が，腑に落ちないと考える人もいるでしょう。
　ピンポイントの条件で評価するためには，一つ一つの計算が必要で，実務者にとっては難解で対応できません。そこで一つの目安を与えるものが基準です。そこをよく理解したうえで活用しないと，実際との違いに戸惑い，クレームを生むことになります。したがって，どんな条件設定をしているのか把握し，基準はあくまで，ある条件での目安として利用しなければいけません。

3-13 | HEAT20 シナリオ①NEB-2

HEAT20　外皮性能グレードと住宅シナリオ-2

外皮性能グレード	1・2地域	3地域	4〜7地域
（参考）平成25年基準レベルの住宅	4％程度	25％程度	30％程度
G1	3％程度	15％程度	20％程度
G2	2％程度	8％程度	15％程度

冬期間，住宅内の体感温度※が15℃未満となる割合（90頁表1の暖房式におけるシミュレーション）　表2

（出典：HEAT20 設計ガイドブック作成WG編「HEAT20 設計ガイドブック（第3刷）」建築技術）

※　体感温度とは？

体感温度とは，室温だけでなく天井，壁，床の表面温度も含めて体に作用する温度のことで，室温が高くても周壁の温度が低ければ体感温度は下がってしまいます。私たち居住者が見ている温度計は，室温であって体感温度ではありません。筆者がこれまで拙宅の温度を語ってきたのも室温です。ここで体感温度と室温の間でどれほどの違いがあるのかを，鈴木大隆氏に聞いたところ「省エネ基準レベルの断熱だと，おおよそ1℃くらいでしょう」という返事が返ってきました。つまり，筆者のいう室温15℃は体感温度ではおおよそ14℃。シナリオの15℃は室温でいえばおおよそ16℃になります。

15℃を下まわる割合の計算式　式1

$$\frac{室ごとの面積[m^2] \times 室ごとの暖房期間中に15℃未満となる時間数[h]の合計}{延床面積[m^2] \times 暖房期間日数[日] \times 24[h]}$$

$\times 100 =$ 15℃を下まわる割合[％]

■ 温度を算定した室

LD	1階ホール（玄関・廊下・階段）		台所	浴室	和室	寝室（＋クロゼット）
洗面室	1階トイレ	子供室1	子供室2	2階ホール	2階トイレ	

■ 暖房期間

| 旭川 | 9/28〜5/31 | 札幌 | 10/1〜6/2 | 盛岡 | 9/30〜5/31 | 仙台 | 10/1〜6/2 |
| 宇都宮 | 10/10〜5/15 | 東京 | 11/11〜4/17 | 鹿児島 | 12/6〜3/22 | | |

3章：快適の領域

　地域別の暖房方式で，冬期間，住宅内の体感温度が15℃未満となる割合をグレード別に示したのが90頁表1です。
●1・2地域：水まわり，和室以外は24時間連続暖房していますので，省エネ基準グレードでも4％，G1グレードで3％，G2グレードで2％と，ほぼ全域が15℃以上となります。
●3地域では，省エネ基準レベルが25％程度，G1が15％程度，G2が8％と，断熱性の差が明瞭に出てきます。
●4～7地域では，省エネ基準レベルが30％，G1が20％，G2が15％となりました。

　ここで，15℃を下まわらない割合（％）で示されても，ピンとこないというのが正直なところではないでしょうか（計算方法は式1）。

　実務者や居住者にとっては，「15℃以下にならない」といい切った判定がほしいところです。

　でも，ピンポイントで最も低い部分（たとえば2階の北側のトイレとか）の体感温度を15℃以上に保つのは至難の業です。なので家全体の広がりと1日24時間の視点で俯瞰してみれば，ある程度下まわる部分があってもよいのでは……と思えてきます。そして，「体感温度が15℃を下まわる」部位と時間が30％であればちょっとかったるいけど，15％なら許せるなあ……といった大雑把なイメージが浮かんできます。

　こうした「○％」で判断する答えは曖昧ですが，一つの判断を押しつけられる基準よりもはるかに真実味があって，「目安」としては優れたものと思えてきます。

　いずれ目安というのは……実践してみて，結果を知り，目安と結果の誤差を経験として蓄積し，その蓄積が「眼力」をつくり，それが断熱設計の実力となっていく……その出発点に過ぎません。でも目安がなければ，誤差を知る「物差し」ができません。目安とはそのようなものだと思います。

3-14 | HEAT20 シナリオ①NEB-3

HEAT20　外皮性能グレードと住宅シナリオ-3			
外皮性能グレード	1・2 地域	3 地域	4～7 地域
（参考）平成 25 年基準レベルの住宅	おおむね 10℃を下まわらない	おおむね 8℃を下まわらない	
G1	おおむね 13℃を下まわらない	おおむね 10℃を下まわらない	
G2	おおむね 15℃を下まわらない	おおむね 13℃を下まわらない	

冬期間の最低の体感温度（90 頁表 1 の暖房式におけるシミュレーション）
（出典：HEAT20 設計ガイドブック作成 WG 編「HEAT20 設計ガイドブック（第 3 刷）」建築技術）

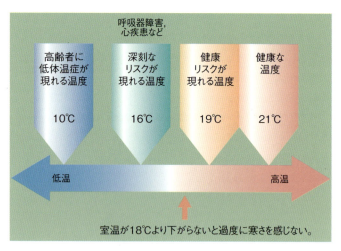

英国（Housing Healthy & Safety Rating System）　図 1

冬期間の最低の体感温度

　HEAT20グレードのシナリオには，「15℃未満の割合」だけではなく，冬期間の最低の体感温度も検討しています。地域ごとの暖房形式で，1月の平均的な1日を想定したとき，以下の結果となりました。
●1・2地域では，省エネ基準レベルだとおおむね10℃を下まわらない。G1だとおおむね13℃，G2だとおおむね15℃を下まわらない。
●3〜7地域では，省エネ基準だとおおむね8℃を，G1だとおおむね10℃を，G2だとおおむね13℃を下まわらない。

　この最低の体感温度とは，以下の項目に注目して検討されています。
○通年に渡る住空間の有効利用
○冬期厳寒期の住宅空間内における表面結露，カビ菌類による空気室汚染の低減，健康リスクの低減など

　つまり，家全体が使えるように暖かく，結露がなく，ヒートショックや低体温症を防ぐ環境としての室温を維持するという意味においての評価基準です。

　シナリオには，健康リスク低減の観点から最低室温が推奨・規定されている例として，英国とアメリカを紹介しています。
英国（Housing Healthy & Safety Rating System）（図1）
・10℃：高齢者に低体温症が表れる温度（後に9℃に変更）
・16℃：呼吸器障害，心疾患等深刻なリスクが表れる温度
アメリカ
・13℃：冬期夜間において維持すべき最低温度
（New York City Administrative Code）
・15℃：冬期夜間に維持する温度
（ペンシルベニア州）

3-15 | HEAT20のシナリオ②EB

EB　省エネルギー性能

外皮性能グレード	1・2地域	3地域	4～7地域
G1	約20%削減	約30%削減	
G2	約30%削減	約40%削減	約50%削減

90頁表1の暖房方式における暖房負荷※削減率（平成25年基準レベルの住宅との比較）
表1

外皮性能グレード	1・2地域	3地域	4, 5地域	6, 7地域
G1	約10%削減	約10%増加	約30%増加	約50%増加
G2	約20%削減	約10%削減	H25年基準レベルとおおむね同等のエネルギーで全館連続暖房が可能	

全館連続暖房方式における暖房負荷※削減率（平成25年基準レベルの住宅で90頁表1の暖房方式とした住宅との比較）　表2

表1・2（出典：HEAT20設計ガイドブック作成WG編「HEAT20設計ガイドブック（第3刷）」建築技術）

※　**暖房負荷とは？**
暖房のために必要となる熱量を示しているもので，暖房用一次エネルギーではありません。

3章：快適の領域

EB（エネルギーベネフィット）

 HEAT20グレードのEBによるシナリオは表1，2のとおりです。まず，各地域の暖房方式における暖房負荷を省エネ基準レベルと比較しています。
●1・2地域では，G1グレードでは約20%の削減に対して，G2では約30%削減します。
●3地域では，G1グレードでは約30%の削減に対して，G2では約40%削減します。
●4～7地域では，G1グレードでは約30%の削減に対して，G2では約50%も削減します。

 こうしてグレードの理解が深まってくると，さてG1とG2とどちらならよいのだろうという迷いが出てくるでしょう。15℃を下まわる割合がG1で20%程度，G2で15%程度，最低温度がG1でおおむね10℃，G2でおおむね13℃を下まわらない。もやもやしてきたところで表2を見ると，ここでは全館連続暖房した場合の暖房負荷削減率（省エネ基準と比較）が示されています。どれだけ断熱を高めれば，無理なく全館連続暖房ができるのかを検討するものです。
●ほぼ全館連続暖房の1・2地域はG1で約10%削減，G2で約20%削減しますが，LDKは連続暖房の3地域では，G1だと約10%増加，G2だと約10%の削減。
●4・5地域ではG1だと約30%，6・7地域では約50%も増加してしまい，これでは全館連続暖房は無理にみえます。
●でも，G2にすれば，4～7地域で省エネ基準レベルとおおむね同等のエネルギーで全館連続暖房が可能になります。

 つまり，快適の最低を超えて，「もっと暖かく」をめざせば省エネの領域が始まり，そこではG2レベルが力を発揮します。どうやら，なまごろし温度を選択すればG1グレード，全館連続暖房の快適を求めればG2グレードということができそうです。これでモヤモヤが解消できた気分になります。

3-16 | HEAT20 グレード×諸外国の水準

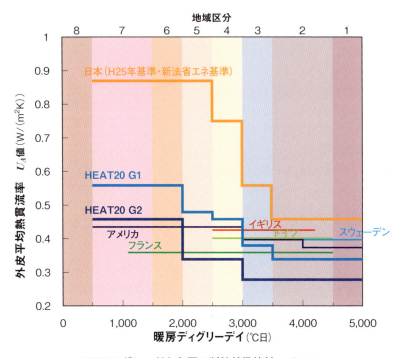

HEAT20 グレードと各国の断熱基準比較　グラフ1

（出典：HEAT20 設計ガイドブック作成 WG 編「HEAT20 設計ガイドブック（第3刷）」建築技術）

地域区分	1	2	3	4	5	6	7	8
省エネ基準2015	0.46	0.46	0.56	0.75	0.87	0.87	0.87	—
HEAT20　G1	0.34	0.34	0.38	0.46	0.48	0.56	0.56	—
HEAT20　G2	0.28	0.28	0.28	0.34	0.34	0.46	0.46	—

省エネ基準とHEAT20 G1・G2の比較　U_A値（W/m²・K）　表1

3章:快適の領域

　18頁で述べたように,日本の断熱基準は1999年基準からレベルアップしていないために,各国の断熱基準に比べてはるかに低いものになってしまいました。

　でも,民間の基準として提案されたHEAT20グレードはグラフ1のように,G1でも寒冷地では肩を並べ,G2では各国を凌ぐレベルになっています。

　日本らしく「寒さを残しながら省エネをめざす」中で,温度に着目した基準が,省エネに直結した各国の基準に肩を並べ,凌ぐレベルにあるのですから,なんか不思議な気持ちになります。全館連続暖房を望まず,快適に消極的なのに,結果的に省エネに積極的でいる……。そんな意味ですが。

　表1,2は,省エネ基準とG1,G2グレードの断熱性を比較したものです。建物の断熱性を評価するU_A値(外皮平均熱貫流率)で比べれば(表1),6地域では省エネ基準が0.87で,G2が0.46。つまり,G2は省エネ基準のほぼ2倍(1.9倍)も断熱性が高いことになります。

　でも,熱損失で評価するQ値(熱損失係数)の比較では,省エネ基準が2.7で,G2が1.6で1/2になりません。これは第3種換気が使われているために,断熱性が倍になっても,換気の熱損失が同じ量で計算されるためです。

Q値(W/m²K)	1	2	3	4	5	6	7	8
省エネ基準2015	1.6	1.6	1.9	2.4	2.7	2.7	2.7	−
HEAT20　G1	1.3	1.3	1.4	1.6	1.6	1.9	1.9	−
HEAT20　G2	1.15	1.15	1.15	1.3	1.3	1.6	1.6	−

省エネ基準とHEAT20 G1・G2の比較　Q値(W/m²・K)　表2

3-17 | HEAT20 設計ガイドブック

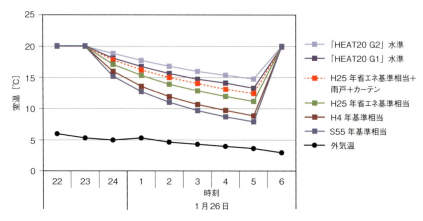

断熱水準と居間の夜間の温度低下の関係を示しています。ほとんど断熱なしの S55 年基準相当では朝まで 10℃ 以上となるのに対して，G1 グレードは 7℃ 前後，G2 では 5℃ 以内にとどまります。

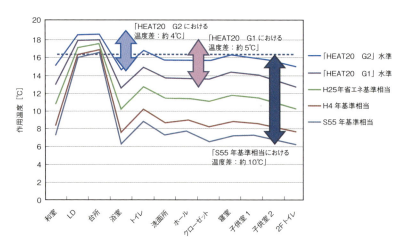

断熱水準の違いによる暖房室と，非暖房室の温度むらを示しています。最寒期の朝の暖房開始直後の 6 時，S55 年基準相当の住宅では暖房室でも 16℃ 程度にしかならず，非暖房室との差は 10℃ 以上になります。一方，G1 グレードの差は 7～8℃，G2 は 4℃ 以内になります。

（出典：HEAT20 設計ガイドブック作成 WG 編「HEAT20 設計ガイドブック（第 3 刷）」建築技術）

3章：快適の領域

グラフ1〜3は，HEAT20グレードのシナリオをグラフにしたものです。これらのグラフは，「HEAT20設計ガイドブック」に掲載されているものの一部です。

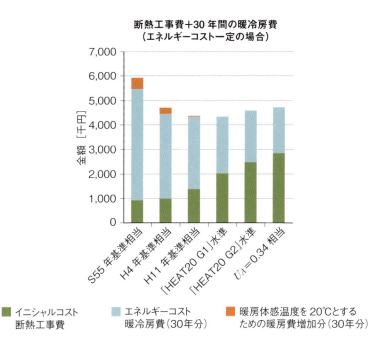

断熱工事費と暖冷房費，および体感温度が20℃となる暖房設定温度のときの暖房費増加分を加算した，30年間のコストパフォーマンスを示したものです。省エネ基準とG1が，最もコストパフォーマンスに優れているようです。

「HEAT20設計ガイドブック」（建築技術）
　HEAT20グレードのシナリオを含めた，断熱の技術や快適な室内環境設計などについて，詳細に公平かつ丁寧に解説したガイドブックです（2015年4月発刊）。

3-18 | 3章まとめ

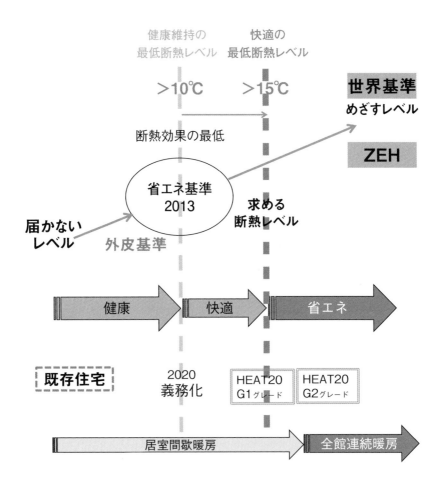

3章：快適の領域

　省エネ基準を超えたら，めざすレベルが始まります。そこには世界基準もあればZEHもあるのですが，その手前に筆者は日本らしく快適を求めるレベルがあると思います。
●健康を維持する最低断熱レベルは超えなければいけませんが，快適は色々あってよいと思います。健康を維持した上での我慢でも，パッシブ的な曖昧な快適でも，全館連続暖房の絶対的な快適でも。
●そして，快適感は寒冷と蒸暑，冬に日射量の多い・少ないの違いに影響されて，各地に違ったイメージをつくります。
●本州以西では，「寒さを残しながら」断熱・省エネを始めています。
●これが居室間欠暖房をよしとする温熱感で，そこでは快適の最低を求める必要があります。
●それを，筆者は20℃～15℃と考えます。
●晴れた昼に日射が入る部屋は20℃で，入らない部屋が15℃以上。夜中暖房を停止しても，朝15℃以上で起きれる。
●この朝15℃をクリアするための目安になる基準として，HEAT20のG1グレード，G2グレードがあります。
●温暖地なら15℃未満となる割合は，G1で20％，G2で15％
●G1とG2のどちらを選べばよいのかモヤモヤしてきますが，全館連続暖房した場合に，G1だと省エネ基準より50％も増加しますが，G2なら同じ負荷で済ますことができます。
●パッシブな「なまごろし温度」ならG1グレード，全館連続暖房の快適を追求するならG2グレードといえそうです。
●とはいえ基準はあくまで目安。15℃以上を保証するものではありません。目安の意味をよく理解して，利用しなければいけません。

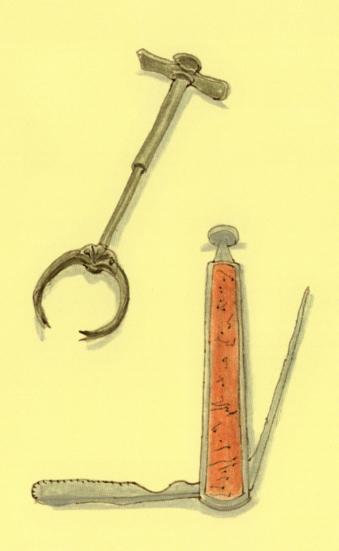

4 省エネの領域

快適の最低は「なまごろし温度（20℃〜15℃）」で、無暖房でやり過ごす最低の温度。より以上の温度を求めれば暖房が始まり、そこから断熱は省エネに働き始めます。ほとんどの人が断熱は省エネの主役だと思い込んでいますが、本当に断熱は省エネの主役なのでしょうか。本章では、日本のエネルギー事情、省エネの意味、そして断熱の省エネ力を探ります。

絵は何だと思いますか？　答は106頁に……

4-1 | 15°Cを超えたら省エネの域

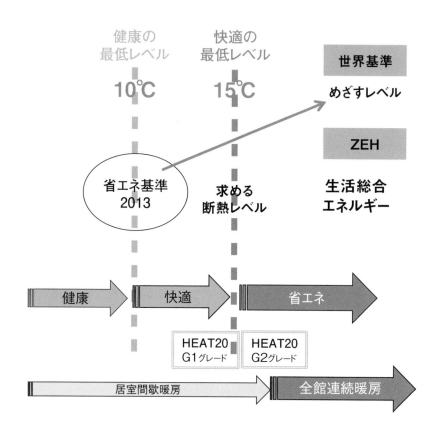

4章：省エネの域

　健康の最低が10℃で，その断熱性能は省エネ基準のレベルです。快適の最低が15℃で，このなまごろし温度を可能にする「求める断熱レベル」がHEAT20・G1グレード……と，独りよがりに設定しているところまで話してきました。
　本章からは「省エネ」の領域に入っていきます。

●快適の最低レベルまでは断熱性で家の温度を上げ，晴れの続く地域であれば，日中の日射取得で無暖房状態です。だからこれが分岐点で，これ以上の温度を求めれば暖房が始まります。もちろん「チマチマ暖房するようなケチなことはしないで，全館連続暖房で絶対的な快適を求めればいいではないか」という声も聞こえてきます。
● HEAT20のG2グレードにすれば，省エネ基準の家が居室間歇暖房するエネルギーで全館連続暖房を実現します。これこそ高断熱化の勝利ではないかと，いわれればそのとおりかもしれません。
●いずれにしても，「なまごろし温度＝20℃〜15℃を超えて，もっと快適に」と思うところから暖房が始まるのですから，そのエネルギー消費を抑える断熱の役目は「省エネ」に移行するのです。
●断熱性を高めれば，消費エネルギーは小さくなります。その先に，ZEHの希望が見えてきます。
　39頁で，「ほとんどの人が断熱は省エネの主役だと思い込んでいる……」と述べました。さて，本当に断熱は省エネの主役なのでしょうか。

4-2 省エネ意識はスイスの1/10？

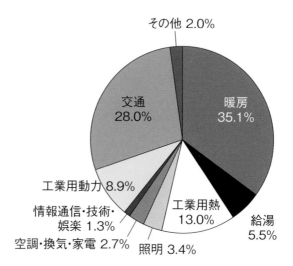

スイスの化石燃料エネルギー消費原の用途別割合　グラフ1
（出典：滝川薫著「サステイナブル・スイス　未来志向のエネルギー，建築，交通」学芸出版社，2009年）

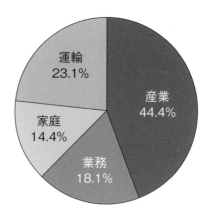

2013 日本の分野別エネルギー消費割合　グラフ2

4章：省エネの域

　冬にスイスに行ったときのこと，バーゼル近郊の古くて小さな街を散歩していると，公衆トイレがありました。欧州では，無料の公衆トイレは珍しいので入ることにしました。そこでビックリ。無料の公衆トイレなのに，中はしっかりと暖房してあったのです。
　日本の小さな公園にある公衆トイレに，暖房が入っていることなど間違いなくありませんから，さすがにスイスだなあと感心してしまいました。
　そんな国ですから，もちろん家の中は全館連続暖房。スイスにはミネルギー基準（24 頁）があって，新築住宅の省エネをぐいぐい引っ張っています。
　問題は既存住宅で，断熱改修にも頑張っているのですが，まだまだ断熱不足の家が大半ですから，そこでの暖かい生活は，湯水のようにエネルギーを垂れ流している状態。
　グラフ1は，スイスの国全体のエネルギー消費量の用途別割合です。暖房が 35.1％，給湯が 5.5％，つまり 4 割が「熱需要」に消費されていることを示しています。
　国レベルで，この暖房エネルギーを削減することが最重要課題です。
　一方，日本はさすがに世界に冠たる産業国で，国レベルのエネルギー消費量（グラフ2）は産業部門が 44.4％を占め，住宅部門は 14.4％しかありません。この中の約 1/4 が暖冷房分野ですから（後述），住宅の暖冷房分野が占める割合は 3.5％でしかありません。暖冷房エネルギーの負担はスイスの 1/10 といったところ。これでは住宅の断熱化に力が入らなくても，無理はないのかもしれません。

4-3 家庭部門は40％削減がノルマ

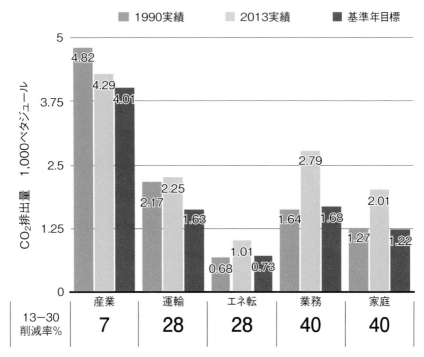

COP21 日本の分野別 CO_2 削減目標

4章：省エネの域

　国レベルで考えれば，住宅の暖房需要なんて小さいからボーッとしててもいいんではないか……と，のんきなことをいってよいわけはありません。
●分野別に1973年から2013年までの伸びを見てみると，企業・事業所他部門が1.1倍（産業部門0.9倍，業務他部門2.5倍）なのに対して，家庭部門は2.0倍，運輸部門も1.8倍となっています。
●産業部門は石油ショック以降，製造業を中心に成長しましたが，その中で省エネを頑張り，微増で推移しました。日本の産業部門は，世界の省エネ優等生といわれています。
●一方，家庭部門と運輸部門は大きく増加しました。
　家電機器を多く所有することになったり，自動車の所有台数が増えたためです。
●この結果，産業，家庭，運輸の各部門の割合は，1973年（第一次石油ショック）の75％，9％，16％から2013年には62％，14％，23％へと変化したのです。
●2015年12月のCOP21で採択されたパリ協定に従い，日本は2013年〜2030年の間に26％の温暖化ガス削減を約束しました。
●この約束を達成するために，国は各分野に削減目標を掲げました。産業部門は量が大きいので，全体に与える影響は大きいのですが，省エネ優等生ですからさらに削減するのは厳しい状況です。そこで業務，家庭，運輸の部門に大きなしわ寄せがきて，特に大きな増加をみせている業務と家庭部門に対し，2013年〜2030年の間に40％もの削減が求められることになりました。
　直ぐに新築住宅を思い浮かべてしまいますが，90万戸の新築の前に6,000万戸の既存住宅があって，これらを含めて40％も削減するとなると，もう唸るしかありません。

4-4 COP21 パリ協定

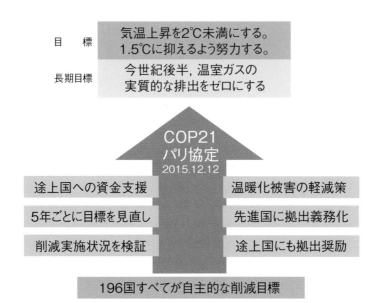

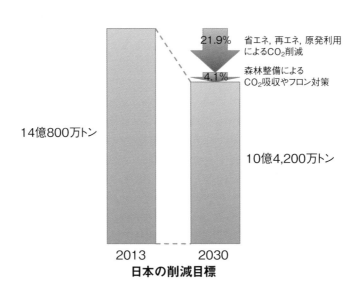

日本の削減目標

4章：省エネの域

　2015年11月30日から，パリでCOP21が開かれ，12月12日に新たな法的枠組みであるパリ協定が採択されました。

●協定の内容は，世界の平均気温上昇を2℃未満に抑える目標のみならず，1.5℃に抑えるよう努力すると言及され，今世紀後半には，人間活動による温室効果ガス排出量を実質的にゼロにしていく方向が打ち出されました。

●これを実現するために，参加196か国すべてが，5年以内に排出量削減目標を提出することが義務づけられました。

●各国はその目標達成のための対策に取組み，5年ごとに目標見直しによって，改善していく仕組みが盛り込まれました。

●この他，支援を必要とする国へ先進国が先導しつつ，途上国も（他の途上国へ）自主的に資金を提供していくこと，気候変動（温暖化）によって，影響を受け，損失や被害を受けてしまう国々への支援をするための新しい仕組みも盛り込まれました。

　温暖化ガス排出量ゼロに向けて，世界全体の温暖化対策が今後継続的に強化されていく方向が明確に示されたことで，画期的な国際合意となりました。

●日本はCOP21の目標を実現すべく，2030年までに2013年比26％削減する目標を掲げ，2020年に官民あわせて年間約1.3兆円の気候変動関連の途上国支援を宣言しました。

●ということで，日本は大きな省エネを実現しなればならない。そのためには，住宅分野の省エネが必至の条件となります。とはいえ，住宅の省エネとは単に断熱性能を高めることではありません。

　本章では，住宅省エネの広くて深い中身に踏み込んでいきます。

4-5 世帯が小さくなって増える

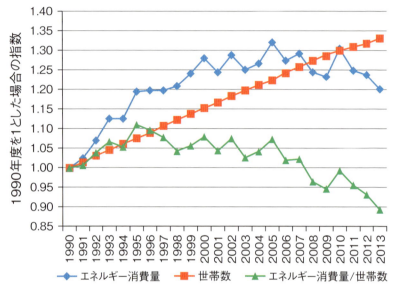

住宅部門におけるエネルギー消費量と世帯数の推移　グラフ1
（出典：平成25年度エネルギー需給実績）

銭湯（江戸東京たてもの園）　写1

4章：省エネの域

　家庭部門エネルギー消費量は1990年比1.2倍に膨れ上がり，第一次オイルショックの1973年に比べ実に2倍です。理由は生活の利便性や快適性を求めるライフスタイルの変化と，世帯数の増加，個人消費の伸びによるものです。ピークは2005年で，その後は減少傾向にあります。
●家庭部門のエネルギー消費量は，「世帯当たり消費量×世帯数」で表すことができます。グラフ1で示す世帯当たりのエネルギー消費量（緑）は減少傾向にありますが，世帯数は増え続け（1990年に比べ1.3倍強）ています。一人暮らし世帯の増加など，世帯が小さくなればエネルギー消費も小さくなりますが，世帯数は当然増えていきます。
　全体的にエネルギー消費を減らすには，世帯数を減らして，世帯ごとの省エネを進めればよいのですが……。
●ここでふとマンションを思い浮かべると，なぜ各住戸に洗濯機があり，風呂がついているのでしょうか。「そんなの当たり前のことでしょう」と即答されそうですが，日本のアパートメントの先駆けであるお茶の水文化アパートメントには大浴場があり，地下には共同洗濯場・乾燥室もありました。住人はお互いのプライバシーを楽しみながら，住人たちとの裸の付き合いを楽しんでいたのです。
●マンションに大浴場とまではいかなくても，街の銭湯で大きな湯船に浸かり，コインランドリーでご近所さんと薄い付き合いをすれば，省エネでコミュニティアップができます。いま，コインランドリーが女性にすごい人気だと知っていましたか？
●シェアハウスが注目され，空いている部屋を民泊に貸し出したり，車も自転車もシェア。なんでも自分で抱えない。これも一つの大きな省エネです。
　常にこうした柔らかい頭で，広い視野での省エネを考えていきたいものです。

4-6 省エネは生活総合エネルギー

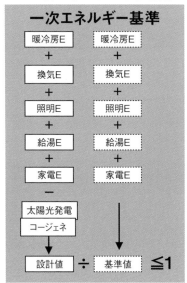

一次エネルギー基準の評価項目と判定　図1

基準一次E算定条件	設計一次E算定条件
・地域区分 ・住宅の床面積および床面積に応じた居住人数 ・暖冷房方式（全館連続，居室連続，部分間歇）	
・1999年基準の断熱性能 ・暖冷房方式に応じた運転方法 ・2012年時点においての，各地域での，一般的な種類，性能の設備機器	・実際の断熱性能 ・設置する設備機器 ・省エネ対策 ・エネルギー消費に関わる気候特性

基準値と設計値の算定条件の違い　図2

4章：省エネの域

　2012年度まで省エネ基準は暖冷房エネルギーだけを対象にしてきましたが，2013基準から外皮基準と一次エネルギー基準の2本立てになりました。暖冷房エネルギーは換気による熱損失も含めて，一次エネルギー基準の中で評価されます。なので，外皮基準は純粋に断熱（温度）の基準となりました

生活総合エネルギー
●一次エネルギー基準は暖冷房だけでなく，換気（ここでは換気による熱損失ではなく，換気を動かす電力量が対象），照明，給湯そして家電も含めた，生活総合のエネルギーで評価されます。
●基準値と設計値があり，基準値より設計値の方が同等以下になれば「基準を満たしている」ことになります。
●基準値にはなく設計値にはあるのが，太陽光発電とコージェネレーションの「創エネ」で，全体のエネルギー消費量から創エネ分をマイナスすることができます。
　「そんなのずるいよ」という声が聞こえてきますが，それは建築屋としての意識から生まれるもの。結論を急がず先に進みましょう。

基準値は今の標準的な生活レベル
　図2は，基準値と設計値の算定条件の違いです。ここで注目するべきは，基準一次エネルギー算定条件です。
　1999年基準レベルの断熱性能（現行同レベル）で，2012年時点の各地域での一般的な設備機器を用いた状況。つまり，2012年時点の標準的な生活を基準にしています。温暖化防止をめざす基準が「今のまま」でよいというのはいかがなものか……，という意見が出て当然だと思います。でも，日本の世帯のエネルギー消費は欧米に比べて小さく，それは我慢の小エネであり，健康，快適をアップさせても今より小さければよいという判断なのでしょう。

4-7 なぜ一次エネルギーなのか？

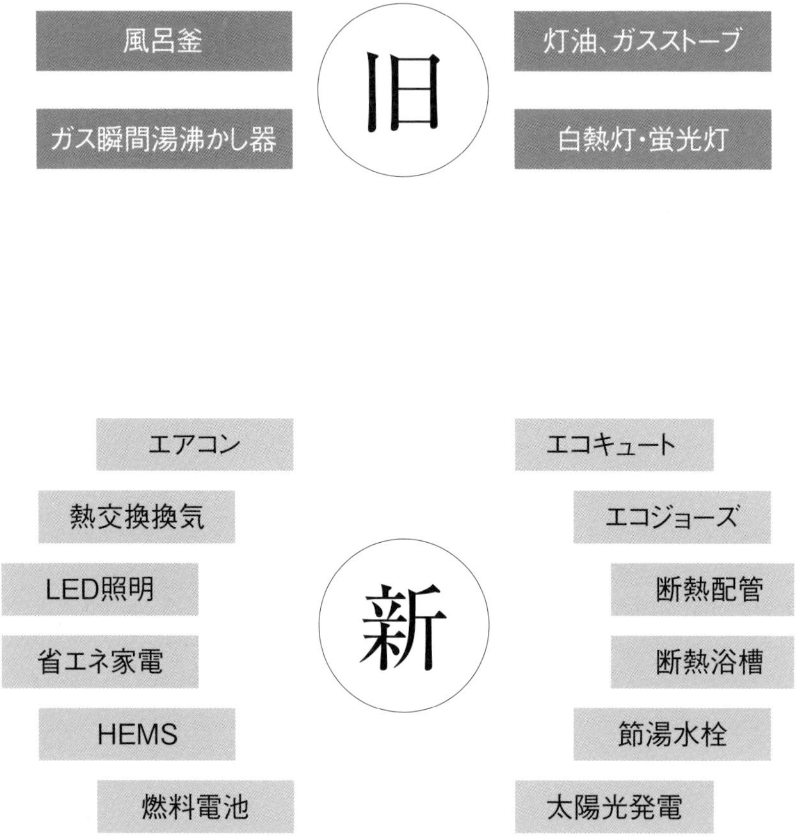

【旧】
- 風呂釜
- ガス瞬間湯沸かし器
- 灯油、ガスストーブ
- 白熱灯・蛍光灯

【新】
- エアコン
- 熱交換換気
- LED照明
- 省エネ家電
- HEMS
- 燃料電池
- エコキュート
- エコジョーズ
- 断熱配管
- 断熱浴槽
- 節湯水栓
- 太陽光発電

4章：省エネの域

　では，1999年基準まで暖冷房だけを対象にしてきたのに，なぜ生活総合エネルギーまで対象は広がったのでしょうか。これは世界的な傾向ではありますが，理由を明らかにしておきたいと思い，建築技術2013年1月号の対談「日本の省エネ住宅の施策はどこに向いているのか」で坂本雄三氏（当時東京大学教授）に尋ねてみました。大雑把にいえば，次のようなお答えでした。
　旧い基準が暖冷房を対象にしてきた理由は……，
●当時は無断熱の状態で，寒さに我慢が当たり前だったため，断熱化して暖めることをめざしたことがまず一つの理由。
●もう一つの理由は，風呂は風呂釜で，厨房はガス瞬間湯沸かし器，暖房はガスや灯油のストーブといった具合に，どこの家も同じような方法をとっていたため，断熱化だけが省エネの対象だったから。
●ところが，最近では省エネ設備，省エネ家電が日進月歩で効率を高めており，断熱に加えて，設備の省エネ設計がとても重要になり，省エネ基準としては暖冷房の枠から抜け出して，生活総合のエネルギーを対象にすることになったというわけです。
●また，一次エネルギーという新しい単語が出てきて，戸惑った人も多いことでしょう。まだ，理解できていない人もいると思います。
　暖房は灯油やガスが主役だったのですが，生活総合エネルギーになると電力が主役になるため，負荷で捉えることでは片手落ちの評価になってしまいます。そこで，電力エネルギー消費を正しく評価するために，一次エネルギーで計算することになったのです。
　何をいっているのか理解できない人は次頁へ……。

4-8 一次エネルギーとは

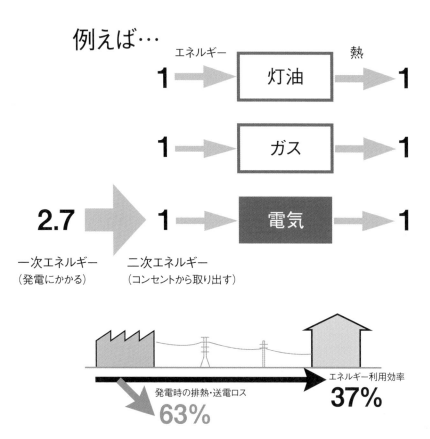

4章：省エネの域

　さて，一次エネルギーとは何かを考えましょう。
●灯油やガスを目の前で燃やすと，1のエネルギーで1の熱をつくるとします。
●電気もコンセントにコードをつないで，そこから1のエネルギーを引き出せば1の熱をつくります。
●でも，コンセントまできている電気は遠くの発電所（たとえば火力発電所）でつくられたもので，その発電効率は1/3ほどしかなく，さらに送電ロスもあって，大きなロスをしながら，やっとこさコンセントまで辿りついています。
●したがって，コンセントから受け取る電気は1ではなく，発電ロスを含めた値にしなければいけません。発電効率を37％とすれば，1÷0.37＝2.7となります。
●つまり，灯油やガスは1のままでよいのですが，電気は1ではなく2.7倍しなければ，同じ土俵にのらないのです。
●これを一次エネルギーと呼び，コンセントから先を二次エネルギーと呼んで区別します。2.7は，一次エネルギー換算係数と呼ばれます。
●一方，灯油とガスも中東などから運ばれてきて，精油所で加工されるなど手間が掛かっています。なので，一次エネルギーとして1以上でなければいけませんが，日本は灯油とガスを1として計算し，電気は正式には2.71で計算することにしているのです。
●因みに諸外国では，それぞれの一次エネルギー換算係数を設定しており，ドイツでは2013年は2.0，2016年は1.8になるといわれています。なぜ日本より小さいのかといえば，再生可能エネルギーの比率が高いという理由も含まれています。
●また，日本では未だ使えませんが，ドイツでは薪の換算係数が0.2で，薪を使えば一次エネルギー量を極端に少なくすることができます。

4-9 一次エネルギーとは（応用）

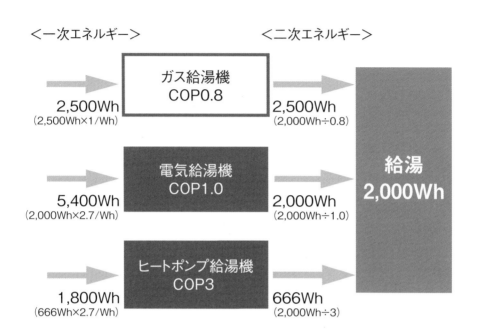

1Ws=1J
1Wh=3.6kJ
1kWh=3.6MJ

桁の単位
K(キロ):千
M(メガ):100万
G(ギガ):10億

4章：省エネの域

　一次エネルギーは理解できたとして，確実に自分のものにするために応用問題を解いてみましょう。
●例えば，お湯をつくるのに2,000Whが必要だとします。これを「負荷」と呼びます。
●暖房設備にはそれぞれ熱効率に差があって，同じ負荷でも設備によって必要なエネルギー量は違ってきます。
●石油給湯機は熱効率（COPと呼びます）が80％なので2,500Whの入力（消費）が必要ですが，電気給湯機だとCOPが1なので2,000Wh入力するだけで済みます。周辺の空気から熱を汲み上げるヒートポンプで，COPが3だったら，たった666Whの入力で済んでしまいます。
●このように熱効率（COP）で省エネを比較することができますが，ここまでは二次エネルギーでの計算です。
●一次エネルギーで計算した場合，電気の一次エネルギー換算係数は2.7ですから，ヒートポンプと電気給湯器は2.7倍しなければなりません。結果はヒートポンプが1,800Wh，電気給湯機は実に5,400Whになってしまいました。
●ここで覚えなければいけないのは，ヒートポンプでもCOPが2.7以下だと，一次エネルギーでは省エネに働かないということ。そして熱をつくるのに，電気給湯機のように，電気を生炊きするものを使えば，一次エネルギーは莫大なものになってしまうことです。

※さて，省エネを考えるのに際して，エネルギーの単位と桁の単位に慣れておく必要があります。ワット（W）とジュール（J）の関係はしっかり覚えておきましょう。一次エネルギーは2.7，1Whは3.6kJと覚えればよいでしょう。

4-10 自立循環型住宅への設計ガイドライン

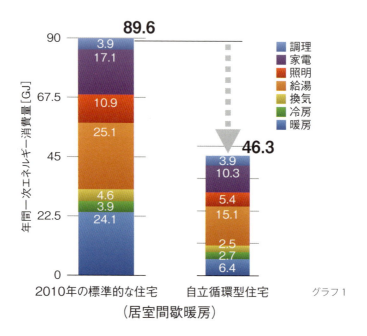

グラフ1

http://www.jjj-design.org/project/index.html

4章：省エネの域

　省エネは生活総合エネルギーで捉え，一次エネルギーで計算する。今では当たり前のことになりましたが，10年前ならほとんどの人は知らないことでした。そして，これらの新鮮な知識を紐解いてくれたのが「自立循環型住宅への設計ガイドライン」でした。2005年に発表され，当時は温暖地を対象にしたガイドラインだけでしたが，今では蒸暑地版，準寒冷地版がつくられています。
　2015年に更新された温暖地版では，2010年の標準的な住宅のエネルギー消費を，建物・設備・住まい方の省エネに努力して1/2に削減し，残る1/2を創エネしてエネルギー自立をめざします。
●それまで暖冷房と断熱のことしか知らない私たちには，生活総合エネルギーの知識などありませんでした。ましてや，設備のエネルギー計算，しかも一次エネルギーで計算することなど雲を掴むようなことでした。それを誰でもできるように，やさしく導いてくれたのがガイドラインでした。
●嬉しかったのは，日本らしい省エネをめざして，断熱だけでなく，日射取得・日射遮蔽，通風，蓄熱などを含めた建物のパッシブ設計を基本にしていたことでした。
●そして目を見張ったのが，通風のように情緒的に捉えていただけのものが，どのように窓をつくれば，どれだけ冷房負荷を削減できるのかまで計算できることでした。
　こうして，●性能をきちんと計算する，●断熱が主役ではなく総合エネルギーで捉える，●パッシブデザインがベースにある……ということで，高断熱には否定的だった業者も目を向け，断熱にも目を開く切っ掛けをつくりました。そして，このガイドラインを開発した研究チームが，省エネ基準一次エネルギー算定プログラムの開発に参加して，日本らしい基準づくりに，積み上げた知見を盛り込んでくれました。

4-11 一次エネルギーを計算する

国立研究開発法人建築研究所「建築物のエネルギー消費性能に関する技術情報」
http://www.kenken.go.jp/becc/index.html

4章：省エネの域

　一次エネルギー基準は，一次エネルギー算定プログラムを用いて計算します。まだプログラムに触っていない人にとっては，「計算しなくてはいけないなんて」と忌々しいものに見えますが，「こんな素晴らしい計算プログラムが無料で使えるなんて」と思えば嬉しくなります。

　とにかく「自立循環型住宅への設計ガイドライン」の研究成果が反映された「日本らしい計算機」ですから，給湯では日本人の入浴スタイルが反映し（130頁），照明，家電においても日本の生活スタイルが反映したものになっています。日本の生活エネルギーを海外のプログラムで計算できるわけはありませんから，その意味で待ちわびていたプログラムです。

一次エネルギー算定プログラム

　一次エネルギー算定プログラムはweb上に置かれています。建築研究所のホームページから「エネルギー消費性能計算プログラム（住宅版）を使用する」にリンクすると，プログラムが開きます。このプログラムの問いに従って設計情報を入力していけば，基準値と設計値が出力されます。

　もちろん省エネ基準の合否を求めず，設計物件の省エネ性能を知る計算機として利用すればよく，そのときには基準がつくっているルール（夏と冬で日射遮蔽は同一のものとして計算することとか，カーテンやハニカムスクリーンの補助断熱は認めないなど）から外れた計算を進めることができます。

外皮基準の計算および一次エネルギー基準算定プログラムをまだ理解できていない人は，南雄三著「南雄三がやさしく解説する　マスターしよう改正省エネ基準2013」（建築技術）で勉強してください─→

4-12 一次エネルギー量と部門別の割合

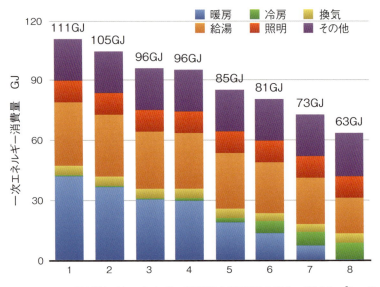

地域別一次エネルギー基準値と部門別の割合（120.1㎡）　グラフ1

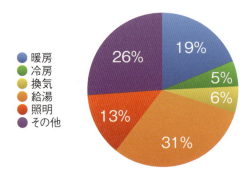

6地域の一次エネルギー基準値の部門別割合（120.1㎡）　グラフ2

※二つのグラフとも省エネ基準2015で計算しています。

4章：省エネの域

　省エネ基準は，気候区分として8地域に分かれています。それぞれの基準値はグラフ1のとおりです。
　北海道では暖房エネルギーが42.2GJ（1地域），36.7GJ（2地域）と大きいのですが，東京，大阪などの温暖な6地域では13.4GJと北海道の1/3程度になっています。一方，冷房は1・2地域が0.2GJに対して，6地域は5.6GJ，沖縄の8地域は8.9GJです。このように寒冷から蒸暑まで南北に長い日本では，地域ごとの省エネ評価が重要です。
　部門別では暖冷房の他に給湯は地域ごとに違いますが，換気（4.5GJ），照明（10.8GJ），その他（家電は21.2GJ）はすべての地域で同じです。これらの部門は家族構成で違ってきますが，ここでは120.1 m^2の家で4人家族を設定しています。
　このグラフでしっかり覚えることは，自分の地域の消費量です。筆者のように東京なら，4人家族で81GJだと覚えておくと，省エネを考えることがとても楽になり，また楽しくなってきます。なにがどう楽しいのかは次章で……。

断熱は影が薄い
　「省エネの主役は断熱」と思い込んでいる人が多いのですが，6地域ではグラフ2のように，暖房19％，冷房5％で，全体の1/4しかありません。基準値の断熱は外皮基準レベルですから，断熱性を高めればさらに割合は減ります。また，他部門の省エネが進めば，断熱の割合は大きくなります。といった具合に，割合というのは水ものなので，ここは「断熱が省エネの主役とはいえない」ことに気づくだけでよいと思います。大きいのは，給湯の31％，家電の26％です。家電は建築とは別物で，居住者の持込みで決まるので，21.2GJで固定しています。冷房より換気の方が大きくて驚かされます。換気の電力消費はエアコンに比べてずっと小さいのですが，一年中運転しているためにエアコンを超えてしまうのです。

4-13 4章まとめ

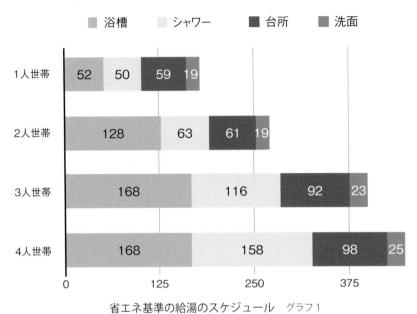

省エネ基準の給湯のスケジュール　グラフ1
M1 スタンダードモード　期間平均の湯消費量内訳（世帯人数別）

4章：省エネの域

　快適の最低は「なまごろし温度（20℃～15℃）」で，無暖房でやり過ごす最低の温度。より以上の温度を求めれば暖房が始まり，そこから断熱が省エネに働き始めます。
　もちろん20℃～15℃は居室間歇暖房なので，全館連続暖房の快適を求めるのなら，断熱は当然省エネに働きます。
●日本は産業が大きく，しかも省エネ優等生です。そして，家庭用のエネルギー消費は1973年の2倍に膨れ上がっています。
●2015年末に開催されたCOP21では，全世界の国々が集い，地球の温度上昇を1.5℃未満に抑え，今世紀後半には人間活動による温室効果ガス排出量を，実質的にゼロにする目標が決議されました。
●日本はこの目標を達成するために，2030年までに2013年比26％の削減を約束し，約束を履行するため，家庭部門には40％削減（2013年～2030年）のノルマが課せられました。
●住宅の省エネは暖冷房だけでなく，換気，給湯，照明，家電を含めた生活総合エネルギーで捉えなければいけません。
●これら部門の中で人口の80％が集中する温暖地では，暖冷房の割合が約1/4しかありません。つまり，断熱は省エネの主役ではないのです。
●こうした生活総合エネルギーを，一次エネルギーで計算する基礎研究をしてきたのが自立循環型住宅研究委員会で，長期に亘り日本の生活とエネルギー消費の関係を調査研究してきました。その成果は，省エネ基準一次エネルギー算定プログラムに反映させています。
●計算に使われる居室間歇暖房のスケジュールや入浴スケジュール（グラフ1）は日本らしさを反映しています。
●プログラムはweb上に置かれており，私たちはこれを自由に利用・活用して，省エネ設計を描くことができます。

5 省エネはやりくり金勘定

省エネは暖冷房だけではありません。換気、給湯、照明、家電を含めた生活総合で捉えなければいけません。断熱を2倍にすると、暖冷房エネルギー消費は約10GJ削減します。では、他の設備機器などの省エネ効果と比較してみたらどうでしょう。エコキュートでも、ガス給湯機に比べて8GJ削減します。本章では、部門別の省エネ手法と効果を探りながら、省エネの正体を掴みます。

絵はパパスの缶ビール（左頁）と日本とラム酒のミニチュア瓶（右頁）

5-1 給湯のエネルギー消費量

　ここからは，生活総合エネルギーの部門別における省エネ手法と省エネ効果を見ていこうと思います。
※なお，計算は省エネ基準2013のプログラムで行っています。

項目	窓	削減量(MJ)	削減率(%)
熱源	(基準値)ガス	—	—
	ガス・エコジョーズ	5,809	21%
	ハイブリッド2	12,392	45%
	ダブルハイブリッド	12,392	45%
	電気ヒーター	−32,214	−216%
	エコキュート(COP3)	8,235	30%
	その他	2,483	9%
配管水栓浴槽	(基準値)ガス給湯	—	—
	配管：ヘッダー方式　太い	0	0.0%
	台所・2バルブ・手元止水	503	2%
	台所・2バルブ・水優先吐水	1,540	6%
	浴室・2バルブ・手元止水	1,720	6%
	浴室・2バルブ・小流量吐水	1,037	4%
	洗面・2バルブ・水優先吐水	451	2%
	浴槽・断熱	725	3%
	全てあり		22%

5章：省エネはやりくり金勘定

給湯の省エネは熱源，配管，水栓の3分野で検討します。熱源（6地域では，ガス給湯器が基準になります）では……
●基準値に比べてエコジョーズの削減量は約6GJ（21%），エコキュートは約8GJ（30%）。ハイブリッドは12GJ（45%）と，大きな数字になりました。
●一方，電気ヒーターは2倍以上に跳ね上がって，32GJの増加となりました。やはり，電気の生炊きは使えないことがわかります。

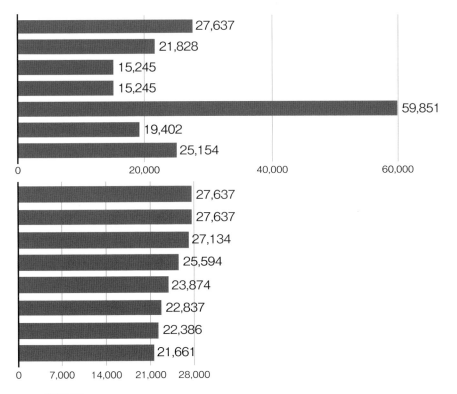

配管では
●ヘッダー方式の方が省エネになりますが，数字には出てきません。
水栓では
●手元止水，水優先吐水，小流量吐水などの手法は，場所によって削減率に差が出ます。
●それぞれの削減率は小さいのですが，すべて網羅すると約6GJ（20%）も削減します。たかが水栓の省エネと侮ることはできません。

5-2 太陽熱給湯の創エネ量

集熱	仕様	給湯一次E(MJ)	削減量(MJ)
（基準値）ガス給湯器		27,637	―
太陽熱温水器	3m²	22,555	5,004
太陽熱温水器	4m²	20,973	6,664
太陽熱温水器	6m²	18,494	9,143
ソーラーシステム	3m²・150*l*	23,687	3,950
ソーラーシステム	4m²・200*l*	21,795	5,842
ソーラーシステム	6m²・400*l*	18,731	8,906

※集熱部の設置方位角：真南から東および西へ15°未満
　集熱部の設置傾斜角：30°

　太陽熱給湯の創エネ量は，給湯の基準値であるガス給湯器（6地域の場合）のエネルギー消費量をマイナスする形で計算されます。太陽熱給湯は，単純に浴槽に湯を供給する「太陽熱温水器」と，湯を浴槽だけでなく調理，暖房にも供給できる「ソーラーシステム」に分けて評価します。評価には，建設地の年間日射地域区分の入力が必要です。

年間日射地域区分	○ A1 区分　（年間の日射量が特に少ない地域）
	○ A2 区分　（年間の日射量が少ない地域）
	◉ A3 区分　（年間の日射量が中程度の地域）
	○ A4 区分　（年間の日射量が多い地域）
	○ A5 区分　（年間の日射量が特に多い地域）

5章：省エネはやりくり金勘定

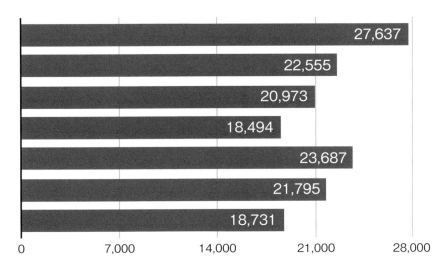

太陽熱温水器
●集熱有効面積が 3 m^2 で 5GJ, 4 m^2 で 6.7GJ, 6 m^2 で 9.1GJ 削減します。
ソーラーシステム
●集熱面積 3 m^2・貯湯量 150 l で 4GJ, 4 m^2・200 l で 5.8GJ, 6 m^2・400 l で 8.9GJ 削減します。

●二つを比べると，太陽熱温水器の方がソーラーシステムより少し省エネといえそうです。
●また，ともに 6 m^2 で 9GJ ほど創エネするということは，おおよそ太陽光発電 1KW 分に相当します。

5-3 換気のエネルギー消費量（6地域）

暖房	換気仕様	暖房+換気	削減率
居室間歇暖房	第3種（比消費電力0.3）	13,027	─
	第3種（ダクト太い）	12,214	6%
	第3種（ダクト太い+DC）	10,914	16%
	熱交換あり（ダクト太い）	14,526	−12%
	熱交換あり（ダクト太い+DC）	11,793	9%
全館連続暖房	第3種（比消費電力0.3）	19,221	─
	第3種（ダクト太い）	18,408	4%
	第3種（ダクト太い+DC）	17,108	11%
	熱交換あり（ダクト太い）	19,125	0%
	熱交換あり（ダクト太い+DC）	16,392	15%

※集熱大・断熱大・南面ペア
※暖冷房：エアコンディショナー（い），通風5回，蓄熱なし
※熱交換換気：熱交換率90%，給気と排気の比率による温度交換効率の補正係数0.9，排気過多時における住宅外皮経由の漏気による温度交換効率の補正係数1

　換気に関わる一次エネルギーは，「暖冷房エネルギー消費」と「換気を動かす電力量」に分けて計算します。
　ここでは，第3種換気と熱交換換気の総合的な一次エネルギー消費を，6地域と3地域に分けて比較してみます。
　なお，冷房はプログラム上，換気手法の違いでは変化しないので，ここでは評価しません。

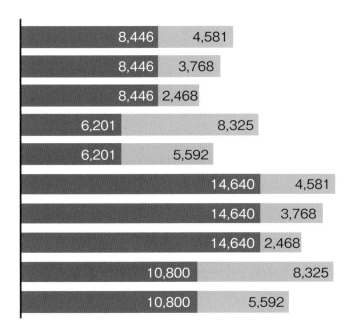

<6地域>

暖房エネルギーでは
●熱交換の方が，第3種より26%（居室間歇，全館連続ともに）省エネ。

換気エネルギーでは
●熱交換に比べて，第3種は居室間歇暖房だと半分以下になります（「ダクト口径」などの条件が同じ場合）。
●第3種では「比消費電力0.3」に比べて，「ダクト太い」は4〜6%，「ダクト太い＋DC」では15〜16%削減します。

暖房＋換気では
●第3種に比べ，熱交換は居室間歇暖房では削減率が低く，ダクト太いではマイナスになります。
●全館連続暖房では，「ダクト太い＋DC」のケースで，熱交換の方が4%有利になります。
●省エネルギー手法を採用したことでの削減は最大でも2〜3GJ程度

5-4 換気のエネルギー消費量（3地域）

暖房	換気仕様	暖房+換気	削減率
居室間歇暖房	第3種（比消費電力0.3）	26,555	—
	第3種（ダクト太い）	25,742	3%
	第3種（ダクト太い+DC）	24,442	8%
	熱交換あり（ダクト太い）	24,883	6%
	熱交換あり（ダクト太い+DC）	22,150	17%
全館連続暖房	第3種（比消費電力0.3）	40,158	—
	第3種（ダクト太い）	39,345	2%
	第3種（ダクト太い+DC）	38,045	5%
	熱交換あり（ダクト太い）	35,160	12%
	熱交換あり（ダクト太い+DC）	32,427	19%

※集熱大・断熱大・南面ペア
※暖冷房：エアコンディショナー（い），通風5回，蓄熱なし
※熱交換換気：熱交換率90％，給気と排気の比率による温度交換効率の補正係数0.9，排気過多時における住宅外皮経由の漏気による温度交換効率の補正係数1

　温暖な6地域で，居室間歇暖房のケースでは，熱交換は第3種に比べて省エネとはいえませんでした。
・熱交換率90％でほとんど熱損失なし……というイメージで，熱交換を捉えてはいけないことがわかります。
・Q値計算では，熱交換率がもろに反映しますが（みなしの換気回数を計算しない場合），一次エネルギー計算では通用しません。
・理由は暖房では2〜3割熱交換の方が小さいのに，ファンが給排気二つあるため，換気エネルギーが増えてしまうためです。
・そこで，暖房量の多い3地域では，どんな結果になるのか計算してみました。

5章：省エネはやりくり金勘定

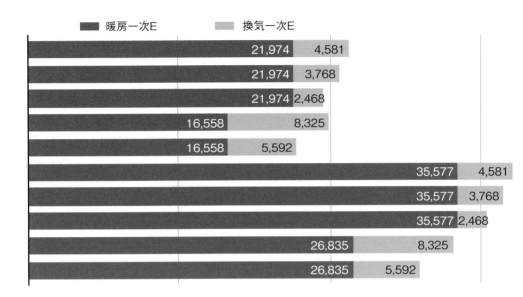

<3地域>
暖房エネルギーでは
●熱交換の方が，第3種より25％（居室間歇，全館連続ともに）省エネ。
暖房＋換気では
　熱交換の方が，居室間歇暖房で3〜9％（1〜2GJ），全館連続暖房では10〜14％（4〜6GJ）省エネになります。
　やはり，寒冷地では熱交換の暖房エネルギーの省エネ効果は大きいといえます。
●特に，DC（直流）の場合に効果が高まります。これは，ファンが二つあるハンデを小さくするからです。
●とはいえ，熱交換率が90％で，ほとんどの熱損失をなくすというイメージとはほど遠い結果です。

5-5 照明のエネルギー消費量

集熱		仕様	消費量 MJ	削減量 MJ	削減率
基準		デフォルト	10,855	0	
全ての機器においてLEDを使用している	主たる居室	全てLED	7,411	3,444	23%
		全てLED+多灯分散照明	7,012	3,843	26%
		全てLED+多灯分散照明+調光	6,838	4,017	27%
	その他の居室	全てLED	8,911	1,944	13%
		全てLED+調光	8,737	2,118	14%
	非居室	全てLED	10,600	255	2%
		全てLED+人感センサー	10,550	305	2%
全ての機器において白熱灯以外を使用している	主たる居室	全て白熱灯以外	8,146	2,709	18%
		全て白熱灯以外+多灯分散照明	7,633	3,222	22%
		全て白熱灯以外+多灯分散照明+調光	7,409	3,446	23%
	その他の居室	全て白熱灯以外	9,408	1,447	10%
		全て白熱灯以外+調光	9,185	1,670	11%
	非居室	全て白熱灯以外	10,855	0	0%
		全て白熱灯以外+人感センサー	10,791	64	0%
全てLED+全てあり			4,414	6,441	43%
全て白熱灯以外+全てあり			5,674	5,181	35%

※省エネ基準2015のプログラムで計算しました

　照明のエネルギー消費量基準値は約11GJもあるので，軽視することはできません。
　照明の一次エネルギーは，「主たる居室」「その他の居室」「非居室」に分けて評価します。
　また，すべての部位で「全ての機器においてLEDを使用している」「全ての機器において白熱灯以外を使用している」「いずれの機器にも白熱灯を使用している」の項目があり，主たる居室では「多灯分散照明」と「調光」が，その他の居室では「調光」が，非居室では「人感センサー」が加わります。

5章：省エネはやりくり金勘定

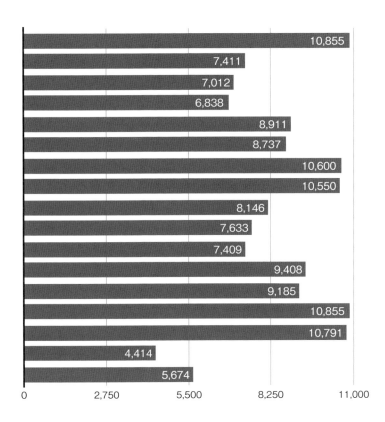

● 「いずれの機器にも白熱灯を使用している」が設計値の標準になっており、そこからどれだけ削減するかを見ていきます。
● 「全て LED を使用し、全ての部位で多灯分散や調光、人感センサーをあり」にすると 43%（約 6.4GJ）も削減し、「全て白熱灯以外を使用し、すべての部位で多灯分散や調光、人感センサーをあり」にすると 35%（約 5.2GJ）削減します。
● LED の方が、白熱灯以外より 1 割程度省エネになります。
● 「主たる居室」の方が、「その他の居室」より 2 倍削減します。
● また、「全て LED を使用」「全てに白熱灯以外」の削減量が大きく、「調光」「人感センサー」「多灯分散照明」の省エネ効果は小さなものでしかありません。

5-6 断熱を2倍にしてみると（6地域）

6地域 基準都市 岡山 A3,H4	<外皮基準レベルの断熱性> **PU50+35+30外張** U_A0.87　$η_A$2.6　q：278 m_C：5.1　m_H：16.73 窓：U値4.65, $η$値0.79 推定Q値**2.75**　第3種換気	<外皮基準レベルの2倍の断熱性> **PU100+75+50外張** U_A0.43　$η_A$1.7　q：135.6 m_C：3.83　m_H：11.12 窓：U値1.9, $η$値0.54 推定Q値**1.56**　第3種換気
暖房	19,317	9,646
冷房	4,705	4,710
換気	2,468	2,468
給湯	16,080	16,080
照明	8,776	8,776
その他	21,211	21,211
合計	72,557	62,891

断熱レベルによる一次エネルギー消費量の差（6地域　MJ）　表1

※m_C値は日射遮蔽（障子）をした場合，m_H値は日射遮蔽なし　**通風**：あり/5回/時　**蓄熱**：あり　**暖房**：主たる居室，その他の居室ともにルームエアコン　省エネ区分（い）　**冷房**：主たる居室，その他の居室ともにルームエアコン　省エネ区分（い）　**換気**：3種　省エネ手法・太いダクト＋DCモーター　**給湯**：エコキュート JIS 効率3.0　追焚あり　ヘッダー（13Aより太い），台所：手元止水，水優先吐水，浴室シャワー：手元止水，少流量吐水機能，洗面：水優先吐水，高断熱浴槽　**太陽熱給湯**：なし　**照明**：主たる居室：白熱灯なし，多灯分散および調光なし，その他の居室：白熱灯なし，調光なし，非居室：白熱灯なし，人感センサーなし

年間日射 地域区分	太陽光発電アレイのシステム容量			
	5kW	6kW	7kW	8kW
A3地域	44,755	53,706	62,657	71,608
A4地域	50,629	60,754	70,880	81,006

※結晶シリコン系，屋根置型，真南～東および西へ15°未満，傾斜30°

太陽光発電の創エネ量　表2

5章：省エネはやりくり金勘定

　断熱は省エネの主役ではないとはいっても，断熱を2倍にしてみたらどうなる……，と思って計算してみたのが表1です。住宅モデルは開放的なプランで計算しています（81頁）。

　表の左の枠が U_A 値 0.87 W/m^{2}K（6地域の外皮基準値）。右が断熱性を2倍にした U_A 値 0.43 です。

　日射遮蔽に配慮し，他部門の設備機器は省エネに配慮したものにしてあります。

● 冷房は断熱を2倍にしても減りません。日射遮蔽に配慮しなければ，断熱が高まるほど大きくなってしまうでしょう。

● 暖房は，断熱を2倍にすることで約 10GJ 減少します。

　この結果から断熱メーカーは「2倍にすると 40% も省エネになりますよ」と威張るのですが，これは暖房だけの比較で，生活総合で比較したら 13% の省エネでしかありません。

● 省エネ効果を表現するのに，日本では「%の省エネ」が横行しています。具体的に 10GJ※減りますとはいわないのです。10GJ がどんな意味をもつのか，クライアントが理解できなければ営業にならないからです。でも，「%の省エネ」ではなく，「GJの省エネ」を知ることは重要です。他の部門の省エネ努力と比較できるからです。

● 断熱を2倍にするほど頑張るのなら，ゼロエネ（ZEH）を狙ってみたい……，と思って当然です。とはいえ，U_A 値 0.43 でも 63GJ 残ります。これを太陽光発電の創エネでゼロにするためには，年間日射地域区分 A3 地域では 7 kW，A4 地域では 6 kW を搭載しなければなりません。

● そしてここでわかるのは，断熱を2倍にして削減できる 10GJ は，太陽光発電約 1 kW 分だということです。太陽光発電 1 kW を搭載するコストは 30〜40 万円くらいでしょうか。では，断熱を2倍にする費用はどれくらいでしょうか？

※ 62,891−72,557＝−9,666 MJ なので約 10GJ

5-7 │ 断熱を倍にしてみると（4地域）

長野市 4地域 A4 H3	<外皮基準レベルの断熱性> **PU60+40+30外張** U_A0.74, η_A2.6 Q値2.4 q：235.7 m_C：4.93 m_H：14.7 窓：U値4.65, η値0.79 第3種換気・ダクト太い	<外皮基準レベルの2倍の断熱性> **PU100+100+100外張** U_A0.36, η_A1.6 Q値1.4 q：112.4 m_C：3.69 m_H：9.69 窓：U値1.9, η値0.54 第3種換気・ダクト太い
暖房	35,564	21,531
冷房	1,673	1,796
換気	2,468	2,468
給湯	20,475	20,442
照明	8,776	8,776
その他	21,211	21,211
合計	90,167（100%）	76,224（85%）

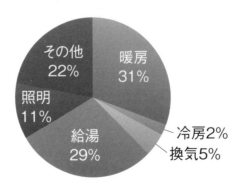

4地域の基準値の部門別割合　グラフ1

5章：省エネはやりくり金勘定

　温暖地では，断熱を2倍にしてもその省エネ効果は10GJですが，4地域（長野など）ならもっと大きな位置を占めるのではないでしょうか。そこで，4地域での計算をしてみました。
●グラフ1から，暖房が31％を占めて最大です。やはり長野ほどの寒さになれば，暖房の比率が大きいことがわかります。断熱性を高めることは，省エネに大きな効果をみせそうです。
●一方，冷房は少なく，東京の1/2以下。全体に占める割合は2％です。
●断熱を2倍にすると，暖冷房で14GJ（37％）削減しましたが，生活総合では15％の省エネに留まり，6地域と同じような状況です。
●やはり4地域でも，暖冷房だけでなく，総合的な省エネ努力が必要です。
●そして，ZEHにするためには，断熱を2倍にしても7.5kW必要になります。
●また，断熱を2倍にした削減量を太陽光発電で賄うとすれば約1.4kWで，設置費用は40〜50万円くらいでしょうか。

5-8 | 5章まとめ

```
断熱2倍          → 10GJ
エコジョーズ      →  6GJ
エコキュート      →  8GJ
ハイブリッド      → 12GJ
全て節水水栓      →  6GJ
太陽熱温水器6m²   →  9GJ
全てLED         →  6GJ
太陽光発電1kW    →  9〜10GJ
```

高断熱・設備効率化の省エネ効果（基準値からの削減量） 図1

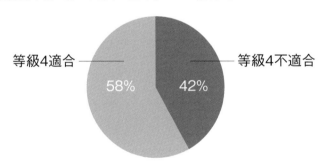

住宅事業主基準を達成した家の断熱レベル割合（H21〜25） グラフ1

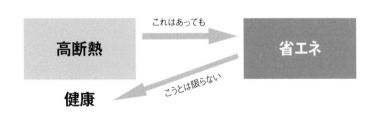

高断熱と省エネの関係 図2

5章：省エネはやりくり金勘定

　断熱を2倍にすると，暖冷房エネルギー消費は約10GJ削減し，基準レベルと比べて40％の省エネになります。
　では，10GJを他の設備機器などの省エネ効果で見てみたらどれほどのものなのでしょうか……，計算してみました。
●ガス給湯機（基準）をエコジョーズに替えると約6GJ，エコキュートにすれば8GJ，ハイブリッドにすれば12GJも削減します。すべの水栓を節水型にするだけで，6GJも削減。太陽熱温水器を6m^2屋根に載せると，9GJ削減。
　一部に白熱灯を使った場合（基準）に比べれば，「すべてにLEDを使い・調光などをすべてあり」にすれば6GJ削減します。また，太陽光発電が1kWで9〜10GJ創エネします。
●こうして色々比較してみると，どれが施工的に楽で，どれがコストで有利か……が見えてきます。「断熱を2倍にすれば40％省エネ」では，見えなかった省エネの姿……，筆者はこれを「**やりくり・金勘定**」といっています。
●年間150棟規模以上の建売業者に課せられたトップランナー制度（住宅事業建築主基準（249頁））は平成21年から5年間のスパンで実施されましたが，一次エネルギーで標準より10％の省エネという厳しい条件ながら，94％が基準をクリアしました。ところが，当時の外皮基準レベルである次世代省エネルギー基準（現外皮基準同等）に適合した家は42％しかありませんでした。
●ここでも，省エネは必ずしも高断熱でなくても，高められることが示されました。ましてや現行の一次エネルギー基準は，創エネでマイナスすることができますので，ますます断熱に頑張らなくても済む条件になっています。
　そこで，断熱＝健康維持を目的として，省エネ基準は一次エネルギー基準だけでなく外皮基準も併せた2本立てになったのです。

6 めざす省エネレベル

省エネは生活総合エネルギーで捉えるとして、さてどこをめざせばよいのでしょうか。誘導基準の10%マイナスでよいのか、ゼロ・エネ住宅（ZEH）までめざすのか？本章では、エネルギーの第二法則からはじまり、省エネと省CO_2の違い、ZEHとLCCMの違い、そしてZEH、スマートハウス、エネルギー自立、オフグリッドを探りながら、めざす省エネレベルを模索します。

絵は角砂糖（左頁）と袋入りの砂糖（右頁）。バルセロナの4CATS、パリのホテルRits、箱根のポーラ美術館……

6-1 エネルギーは消費しないが…

熱力学の第一法則（エネルギー保存の法則）
　宇宙における物質とエネルギーの総和は一定で，物質が変化するのは形態だけで，エネルギーはけっして，創成したり，消滅したりすることはない。

熱力学の第二法則（エントロピーの法則）
　物質とエネルギーは使用可能なものから使用不可能なものへ，秩序化されたものから無秩序化されたものに変化し，けっして逆戻りさせることはできない。

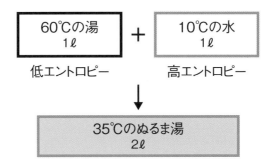

6章：めざす省エネレベル

　本書では何度も「エネルギー消費」という言葉を使っていますが，実はエネルギーは消費しません。
●熱力学には有名な第一法則というのがあって，「けっして創成したり，消滅したりすることはない」といっています。これがエネルギー保存の法則です。
●だったらエネルギーはどんどん使ってよいことになりますが，そこで登場するのが熱力学の第二法則。物質とエネルギーは使用可能なものから使用不可能なものへ変化し，逆戻りできないというもの。これがエントロピーの法則です。
●例えば，60℃のお湯1 lと10℃の水1 lを混ぜると35℃のぬるま湯2 lができます。熱量としては変化していませんが，価値は変化しています。つまり，60℃のお湯は風呂に使えますが，35℃では使えなくなってしまいます。怖いのは，再び60℃に逆戻りさせることはできないということ。常に価値あるものは，価値のないものに均されていくのです。
●このようにエネルギーを使ってもその量は変わりませんが(第一法則)，その温度は常に常温に向かって低下し，逆戻りさせることはできません(第二法則)。エネルギーを使用するということは，温度がもつ価値を失うことなのです。
●価値ある度合いをエキセルギー，価値のない度合いをエントロピーと呼べば，価値あるエキセルギーが減って，エントロピーが増え続ける……。石油が減って，ゴミが増える……，ゴミとは常温をほんの少し高めた温度です。
●人類は価値あるエネルギーを使用したことで，地球温暖化というエントロピーに苦しめられようとしているのです。
　ここまで理解すれば，エネルギー消費ではなく，「使用」というべきですが，誰もが「消費」に馴染んでいるので，このまま使い続けようと思います。でも読者は消費ではなくて，「使用→価値を失う」というイメージで受け止めてください。

6-2 小エネ→省エネ→省 CO_2

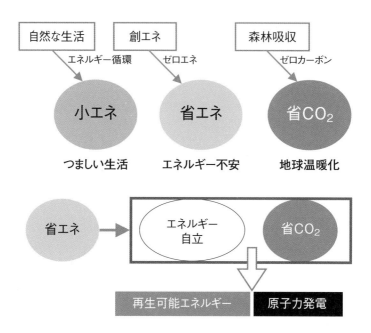

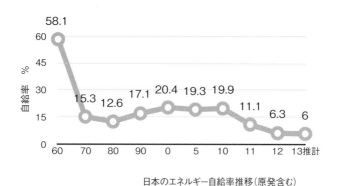

日本のエネルギー自給率推移（原発含む）
（資源エネルギー庁『エネルギー白書2015』より）

6章：めざす省エネレベル

　エネルギーに奥があるように,省エネには幅があります。「小エネ」と「省エネ」と「省CO_2」……，どれもエネルギーに関わることですが，それぞれに違った意味があります。
● 「小エネ」は自然と共生していた時代の状態で，資源と熱の循環が行われていました。循環を可能にするための「量」を維持する慎ましい生活。この慎ましい生活に人類は嫌気をさし,循環を超えた生活に走り出してしまいました。
● 当然エネルギー不安が起こり，対策として「省エネ」という言葉が出てきました。エネルギーなので，太陽光発電などで創エネすればゼロにすることができます。
● 「省CO_2」は温暖化ガスをセーブしようという意味で,つくられた言葉です。化石燃料の使用により温暖化ガスが排出されますが，その温暖化ガスの総称としてCO_2（カーボン）が使われます。
● 省エネは省CO_2につながるのですが，エネルギーによってはCO_2を排出しないものがあります。原子力や再生可能エネルギーなどです。また，木材などCO_2を固定するものは，燃焼によりCO_2を排出しても±0と判断されます。
● また，森林が生長する段階でCO_2を固定しますが，これを利用してゼロカーボンが可能になります。
● また，エネルギー問題はエネルギー自立の課題も併せもっています。日本のエネルギー自給率は1960年に約60％だったものが,10％台に落ち込み,1990年から20年ほどで20％近くに高めましたが,これは原発が含まれているため。原発稼働がゼロになった途端に6％まで落ちました。
　エネルギーの90％以上を政情不安な中東などからの輸入に頼ることの不安定と，莫大なエネルギーマネーの流出。エネルギー自立のためには，原発の再稼働と再生可能エネルギーの拡大という二つの方法があるのですが……。

6-3 エネルギーミックス（電源構想）

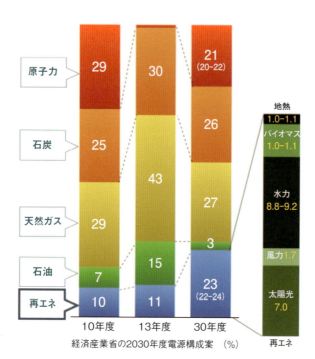

経済産業省の2030年度電源構成案　（％）

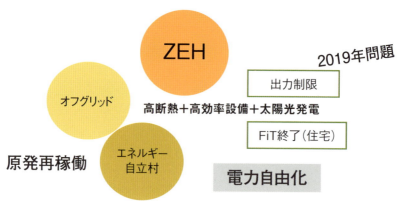

電力を取り巻く環境

6章：めざす省エネレベル

　「エネルギー自立を原発に期待するのではなく，再生可能エネルギーに期待したい」と，誰もが思っていることではないでしょうか。原発を再稼働させたいと考えている政府だって，いまは必要だが……といっているわけで，将来は脱原発で考えていかなければいけません。
●経済産業省は2015年7月，長期エネルギー需給見通しを決定しました。これによると，2030年時点の電力需要を2013年度とほぼ同じレベルまで押さえ込み，東日本大震災前に約3割を占めていた原発依存度を20～22％へと大きく減らして，水力・石炭火力・原子力などによるベースロード電源比率を56％程度とする見通しを発表しました。
●この中で再生可能エネルギーについては，2013年度には11％だったものを22～24％にアップさせる見通しです。
●再生可能エネルギーには，「不安定」「高コスト」「環境アセスメント」「普及までの国民の負担」「メンテ，廃棄」など幾つもの課題が存在します。
●再生可能エネルギーの普及を支える固定価格買取制度（FiT）には，出力制限や買取期限の終了とその後の買取価格の不安といった，いわゆる2019年問題があります。
●2016年からは家庭向けでも電力自由化がスタートし，電源を自由に選ぶことができるようになった一方で，原発が再稼働を始めています。
●また，再生可能エネルギーでエネルギー自立を実現する村がいくつも立ち上がっていること，電源（グリッド）に頼らないオフグリッドの生活が注目を集めているなど，エネルギーをめぐってめまぐるしい動きが始まっています。本章ではこれらの動きも追い掛けながら，「めざす省エネレベル」を探っていこうと思います。

6-4 再生可能エネルギー固定価格買取制度 FiT

2016年度買取価格		(円/kWh)	買取期間
太陽光	10kWh 未満 出力制御対応機器設置義務なし	31	10年
太陽光	10kWh 未満 出力制御対応機器設置義務あり	33	10年
太陽光	10kWh 以上	24	20年
風力	陸上風力　20 kW 未満	55	20年
風力	陸上風力　20 kW 以上	22	20年
風力	洋上風力　20 kW 以上	36	20年
地熱	1.5万 kWh 未満	40	15年
地熱	1.5万 kWh 以上	26	15年
中小型水力	200kWh 未満（新設−既設）	25−34	20年
中小型水力	200kWh 以上 1,000kWh 未満（新設−既設）	21−29	20年
中小型水力	1,000kWh 以上 3万 kW 未満（新設−既設）	14−24	20年
バイオマス	木質/未利用（2,000 kWh 以上−未満）	32−40	20年
バイオマス	木質/一般	24	20年
バイオマス	木質/建築廃材	13	20年
バイオマス	廃棄物（木質以外）	17	20年
バイオマス	メタン発酵	39	20年

FiT　固定価格買取制度・2016年度買取価格　表1

6章：めざす省エネレベル

　家庭用の再生可能エネルギー余剰電力買取制度が始まったのは 2009 年。そして，固定価格買取制度（FiT：フィードインタリフ）は 2012 年 7 月 1 日にスタートしました。
●余剰電力買取制度により年平均 9％の伸びをみせていた再生可能エネルギーですが，FiT が始まると年平均 33％の伸び率をみせて急拡大しています（グラフ 1）。
●しかし，太陽光発電に偏った導入による出力不安から，2015 年 1 月に出力制御を可能にする省令改正が行われました。太陽光発電，風力発電に対して出力制御を接続の条件にするとともに，出力制御に必要な機器の設置が義務づけられました。ただし，太陽光発電の 10 kW 未満，10 kW 以上 50 kW 未満は，電力会社によっては当分の間対象外であったり，出力制御の順序が後になるなど影響は小さいようです。
● 2016 年度の買取価格は，表 1 のように決まりました。
● FiT を支えるているのは，一般家庭が支払う賦課金です。2016 年度の賦課金単価は 2.25 円/kWh と定められ，標準家庭（電気使用量 300kWh/月）の負担水準は全国平均で 675 円/月が見込まれています。

再生可能エネルギー等による設備容量の推移（資源エネルギー庁）　グラフ 1

6-5 エネルギー自立の村

人口 430 人，エネルギー自立のマウエンハイム村。バイオガスのコージェネでエネルギー循環

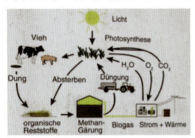
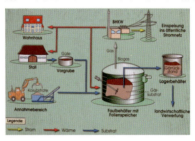

熊本県山都町水増は 10 世帯 18 人，平均年齢 71 歳の過疎の村。自然エネルギー発電会社に牧草地を貸し出してメガソーラーを建築。年に借地代 500 万円＋発電収入の 5％（500 万円）が村に入る。平均世帯年収は年金を入れて 400 万円ほど。財布が一つ増えた感じだと…村民の声

（朝日新聞 2015.1.7）

エネルギー永続地帯市町村

北海道檜山郡上ノ国町，北海道磯谷郡蘭越町，北海道虻田郡ニセコ町，北海道苫前郡苫前町，北海道天塩郡幌延町，北海道有珠郡壮瞥町，青森県西津軽郡深浦町，青森県上北郡六ケ所村，青森県下北郡東通村，岩手県岩手郡雫石町，岩手県岩手郡葛巻町，宮城県刈田郡七ケ宿町，秋田県鹿角市，福島県南会津郡下郷町，福島県河沼郡柳津町，群馬県吾妻郡嬬恋村，群馬県利根郡片品村，富山県下新川郡朝日町，長野県南佐久郡小海町，長野県上水内郡信濃町，長野県下水内郡栄村，岡山県苫田郡鏡野町，熊本県阿蘇郡小国町，熊本県上益城郡山都町，熊本県球磨郡水上村，熊本県球磨郡相良村，大分県玖珠郡九重町，鹿児島県出水郡長島町，鹿児島県肝属郡南大隅町

注：域内の民生・農水用エネルギー需要を上まわる量の再生可能エネルギーを生み出している市区町村であって，カロリーベースの食料自給率が 100％を超えている市町村
（出典：千葉大学倉阪研究室＋永続地帯研究会「永続地帯 2014 年度版報告書」2015 年 3 月）

6章：めざす省エネレベル

ドイツのエネルギー自立の村

マウエンハイム村は人口わずか430人で，主な産業は農林業と酪農。でも南面をみると，家々に太陽光発電が載っています。2005年夏，村長らと近郊のエネルギー企業が出資してバイオガス社を設立し，牛の糞尿などでメタンガスを発生させ，コージェネによる発電がスタートしました。

発電量は村が消費する量の9倍以上，コージェネによって発生する余熱は村（約100世帯）の年間熱消費量に匹敵します。この熱を，ただ捨ててしまうのはあまりにももったいない。そこで，近郊のシンゲン市にあるソーラー・コンプレックス社（以下，SC社）が村全体に温水パイプを敷き込んで，各戸に給湯することを提案し，村はこれを受け入れました。SC社は再生可能エネルギー施設の建設，操業，普及活動を行う目的で2000年に地域限定出資によって設立され，近郊10数か所でエネルギープラントを建設・運営しています。

SC社が販売する温水は，価格が市価の6～7割のため70世帯（村の熱量の90％）が受け入れました。

こんな小さな村でも，エネルギーの購入に1億円以上を村の外に払っていました。そのお金が村に落ちることになり，余った電力を売って100万ユーロを稼ぐことになりました。そして，バイオによる熱供給は，植生・家畜・人のエネルギー循環を実現させることになったのです。

日本でもエネルギー永続地帯

マウエンハイム村のようなエネルギー自立の村を幾つか視察しましたが，日本だって欧州に負けずにエネルギー自立の市町村が沢山あると知って驚きました。

千葉大学倉阪研究室＋NPO法人環境エネルギー政策研究所の「永続地帯2014年度版報告書」（2015年3月）によれば，「エネルギー永続地帯」は57市町村あり，この内29の市町村が食糧自給率でも100％を超えているといいます。

6-6 省エネの先に LCCM

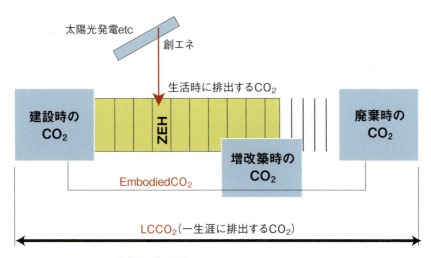

住宅の一生　図1

CASBEE 戸建・$LCCO_2$評価　図2

6章：めざす省エネレベル

LCCM 住宅とは，ライフサイクルカーボン（$LCCO_2$）をマイナスにする住宅のことです。ライフサイクルとは生涯のことで，カーボンは CO_2。家が建設されてから廃棄されるまでの全体で排出する CO_2 を $LCCO_2$ と呼びます（図1）。

毎年継続する生活エネルギー（黄）は流動的ですが，建設，増改築，廃棄時のエネルギー（青）は固定さています。この固定部分で排出される CO_2 を，エンボディード CO_2 と呼びます。日本語で呼びたくても適当なものがないのです。

一方，毎年継続して消費される生活エネルギーは，寿命が伸びれば増えていきます。このエンボディードと生活エネルギーの割合は，寿命が 30 年とすれば 3：7 くらいといわれています。生活時の省エネが重要になります。

何年で LCCM ?

ゼロエネ（ゼロカーボン）は，1 年単位の生活エネルギー消費（カーボン排出）を太陽光発電などの創エネで収支ゼロにするものです。格としては 1 年より一生涯の方が上なので，LCCM は最終目標として位置づけられています。

創エネが生活エネルギー以上になれば，エンボディードの分を食べていき，ゼロを超えてマイナスになります。これが LCCM で，「何年で LCCM ?」が評価単位となります。

国は 2009 年に LCCM 住宅研究会を立ち上げ，2011 年には建築研究所内にデモンストレーション棟を建設，12 年から認証制度をスタートさせています。

（LCCM 住宅認定 http://www.ibec.or.jp/rating/lccm.html）

LCCM の計算はとても難解ですが，CASBEE 戸建を評価する中で自動的に計算・評価されます。認証制度もこの評価を利用しています。

6-7 ZEH 関連の動き

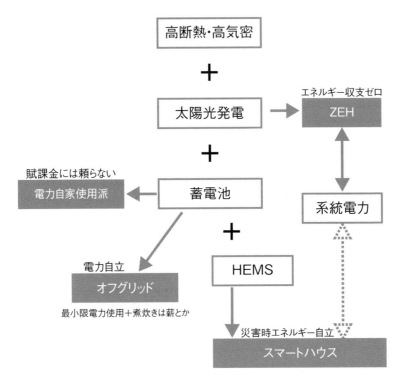

再エネ利用住宅の色々

6章：めざす省エネレベル

　ZEHにも，色んな形や動きがあります。高断熱＋高効率設備で省エネを図り，太陽光発電で創エネすればZEHになります。
●そこに蓄電池を加え，HEMSで賢くコントロールすると，スマートハウスになります。スマートハウスは省エネというよりは，災害時にエネルギー自立できるという安心イメージが強く，東日本大震災を切っ掛けに拡大しました。
● ZEHもスマートハウスも系統電力とつながっていて，余剰電力は系統電力に送って売電し，不足すれば買います。
●これに対して，省エネ＋創エネに蓄電池を加えて，系統電力に頼らない「オフグリッド」があります。
●また，賦課金を資金源にするFiTに頼らず，創エネ電力を蓄電しながら自家消費する電力自家使用派も増えています。

オフグリッド

　系統電力に頼らず，創エネを自給自足する生活スタイルで，送電網（グリッド）から離れる（オフ）ことからオフグリッドと呼ばれます。ZEHと違うのはゼロエネをめざすのではなく，電力購入ゼロをめざしていることです。
　2kW程度の小さな太陽光発電を設置し，余った電力を蓄電池に貯め，最小限必要なものにだけに使います。晴れた日に洗濯，掃除し，煮炊きは薪で賄うといった具合。

自家消費

　その一方で賦課金に頼らず，余剰電力を蓄電して自家使用していくのが，再生可能エネルギー利用の「スジ」ではないか……と考えるスタイルが始まっています。これなら2019年問題もありません。そのためには「蓄電」のコストダウンが不可欠ですが，現状では15万〜20万円/kWhもして採算に合いません。ところが，米・Tesla Mortar社の「パワーウオール」は日本製の1/5程度で買えるというニュースが流れて，蓄電池が身近に感じられることとなりました。

6-8 ZEHロードマップ

エネルギー基本計画（2014年4月閣議決定）
2020年までに標準的な新築住宅で，2030年までに新築住宅の平均で，ZEHの実現を目指す

ZEH（ネット・ゼロ・エネルギー・ハウス）
ZEHロードマップ検討委員会/経済産業省　2015年12月
● Neary ZEH（ネット・ゼロが困難な地域，環境に対する緩和レベル）
①外皮断熱性能：1～2地域≦0.4 W/m^{2}K，3地域≦0.5，4～7地域≦0.6
②再生可能エネルギーを除き，基準一次エネルギーから20％以上削減
③再生可能エネルギーを導入（容量不問）
④再生可能エネルギーを加えて，一次エネルギー基準から75％以上100％未満削減
● ZEH
①Neary ZEH基準を満たした上で……
②再生可能エネルギーを加えて，一次エネルギー基準から100％以上削減
＜対象住宅＞
ハウスメーカー・工務店がつくる新築戸建住宅（注文・建売）
＜年間一次エネルギー消費量の対象範囲＞
暖冷房・換気・給湯・照明設備に関わるもの（家電含まず）
＜エネルギー計算方法＞
省エネ基準一次エネルギー基準プログラムによる
創エネ量は総発電量，ただしオンサイト（敷地内）に限る
（資料：ZEHロードマップ検討委員会とりまとめ　http://www.meti.go.jp/press/2015/12/20151217003/20151217003-1.pdf）

6章：めざす省エネレベル

2014年4月に閣議決定されたエネルギー基本計画において、「住宅については、2020年までに標準的な新築住宅で、2030年までに新築住宅の平均でZEHの実現を目指す」とする政策目標が設定されました。

これを受けて、経済産業省は2015年にZEHロードマップ検討委員会を設置し、12月にとりまとめの報告が行われました。

ZEH（ネット・ゼロ・エネルギー・ハウス）の定義

2020年までに標準的な新築住宅でZEHを……の定義を「ハウスメーカー、工務店がつくる新築戸建住宅の過半がZEHとなる」こととし、

ZEHとは、「断熱性を向上させ、高効率設備を用いることで大幅な省エネを実現し、再生可能エネルギーを導入することで、年間の一次エネルギー消費量の収支がゼロになる住宅」と定義しました。

また、ZEHには100％以上削減に加えて、75％～100％未満の削減をするNearyZEHを定義。ネット・ゼロが困難な地域や環境に建つ住宅に対して、ZEHを見据えた先進住宅として取り上げることにしました。

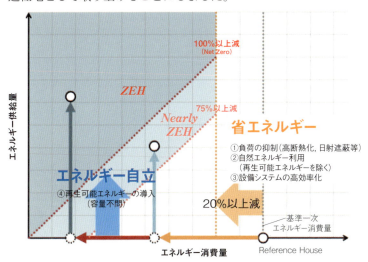

6-9 ZEH推進施策

```
        ┌──────────────────┐
        │  ZEHロードマップ  │
        └──────────────────┘
                 │ 定義
                 ▼
┌──────────────────────────────────────────────┐
│              経済産業省                       │
│    ネット・ゼロ・エネルギー・ハウス支援事業   │
│  125万円/戸補助  ※1・2地域$U_A$値0.25以下は25万円加算 │
└──────────────────────────────────────────────┘
http://www.enecho.meti.go.jp/category/saving_and_new/saving/zeh/160318a/
                 ▲
                 │ 登録業者のみ
        ┌──────────────────┐
        │   ZEHビルダー     │
        │    登録制度       │
        └──────────────────┘
        https://sii.or.jp/zeh28/builder.html
```

自社が受注する住宅のうちZEH（Neary ZEHを含む）が占める割合を2020年度までに50%以上とする事業目標を掲げるハウスメーカー，工務店，建築設計事務所，リフォーム業者，建売住宅販売者などを「ZEHビルダー」と定め，公募。登録されたZEHビルダーをホームページで公表。
担当機関：sii 一般社団法人 環境共創イニシアチブ

国土交通省・地域型住宅グリーン化事業

長寿命型
- 長期優良住宅
  補助対象費用の1/2かつ100万円以下補助

高度省エネ型
- ゼロ・エネルギー住宅
  補助対象費用の1/2かつ165万円以下補助
- 認定低炭素住宅
  性能向上計画認定住宅
  補助対象費用の1/2かつ100万円以下補助

地域材を1/2以上用いた場合は上限20万円加算
3世代同居対応要件適合では上限30万円加算

http://kkj.or.jp/chiiki-grn-koudo/DL/file/manual04_ver3.pdf

6章：めざす省エネレベル

　ZEH 推進施策は，2018 年度には経済産業省のネット・ゼロ・エネルギー・ハウス支援事業と，国土交通省の地域型住宅グリーン化事業内の高度省エネ型のゼロ・エネルギー住宅があります。
●経済産業省のネット・ゼロ・エネルギー・ハウス支援事業は ZEH ロードマップの定義による ZEH に対して補助しますが，申請できるのは ZEH ビルダー登録制度に登録した業者に限定されます。
　経済産業省としては，ロードマップで 2020 年までに過半の住宅が ZEH になる目標を掲げており，2020 年までに自社が受注する住宅の半数以上を ZEH とする目標を掲げる業者を ZEH ビルダーとして登録してもらうことにしたものです。要するに，ノルマを掛けたといってよいのでしょう。そのうえで補助金で支援し，登録ビルダーをホームページで公表して ZEH 化を応援していきます。
●国土交通省の場合は地域型住宅グリーン化事業の中に長寿命型と高度省エネ型の二つの枠をつくり，高度省エネ型の中にゼロ・エネルギー住宅の補助金制度を位置づけました。地域型住宅ブランド化事業により，地場の林業，製材業，設計，工務店らによる地域グループだけが申請できます。

ZEH の定義

　二つの事業ともに，省エネ基準・一次エネルギー基準プログラムで計算し，創エネ（総発電量）により 100％以上（ネット・セロ・エネルギー・ハウスでは，Ⅰ，Ⅱ地域の寒冷地特別強化外皮仕様の場合は 75％以上）削減を求めています。

※その他（家電）の一次エネルギーは含まない（21.1GJ）。
※ネット・ゼロ・エネルギー・ハウスには強化外皮基準はありますが，ゼロ・エネルギー住宅にはありません。ただし，補助金対象の選定の中でレベルの高さが評価されます。

6-10 めざす省エネレベルは ZEH

めざす省エネレベル

	1	2	3	4	5	6	7
U_A	0.4	0.4	0.5	0.6	0.6	0.6	0.6

ZEH

もとめる断熱レベル

HEAT20 グレード

	1	2	3	4	5	6	7
G1	0.34	0.34	0.38	0.46	0.48	0.56	0.56
G2	0.28	0.28	0.28	0.34	0.34	0.46	0.46

6章：めざす省エネレベル

　本章では「めざす省エネレベル」を探ろうと，省エネの意味を掘り下げながら，エネルギー自立の魅力を知り，その流れでZEHに至りました。そして，国のZEH推進策を見つめながら，日本の「めざす省エネレベル」はZEHの中にあることを実感しました。

●ZEHロードマップでは，2020年までに新築住宅の過半でZEHの目標を掲げています。戸建新築の2割を占める大手ハウスメーカーの建てる家の9割を，そして戸建新築の8割を占める工務店の建てる家の4割を，ZEHにしなければ到達できない目標です。ZEHに熟達している大手ハウスメーカーが，9割を実現することは無理なことにはみえません。でも工務店のつくる家の4割が，ZEHというのは容易なことではありません。

●一方で，ZEHロードマップには外皮強化基準がつくられており，その断熱レベルがZEHの推進とともに「断熱レベルの本流」になるのだと気づかなければなりません。

●めざす省エネレベルがZEHで，そこに補助金など強力な推進力が与えられれば，その中に義務づけられた外皮レベルが「断熱レベル」の大きな流れをつくるのは当然のことです。

●改めてZEHの外皮強化レベルを見てみれば，その数字が3章で「求める断熱レベル」として想定したHEAT20・G1グレードと同等だとわかることでしょう。国は，民間の基準であるHEAT20のグレードを参考にしたのです。

●居室間歇暖房の快適の最低・なまごろし温度を可能にするHEAT20・G1グレードが，ZEHと歩調を合わせて日本の断熱レベルの大きな流れになるということです。

●もちろん流れですから，そこに巻き込まれる必要はありません。全館連続暖房でG2グレード以上の性能を追求しながら，ZEHを果たす絵を描くことも自由です。まずは流れを知れば，自分の絵も落ち着いて描けるというものです。

省エネ基準もHEAT20基準も、日本全体を8地域に気候区分しながら、区分内の代表都市で計算し、基準値を設定しています。大きな区分の中では暖房負荷の大きなところ、朝の温度が低いところなどが混在しています。本章では、ピンポイントの土地で、朝15℃を下まわらない断熱レベルを計算する方法について探ることにします。

7 ピンポイントの断熱レベル

絵は犬と猫の三目並べ（左頁）・中米土産とドイツ・ローテンブルグの錫細工（右頁）

7-1 新潟の暖房負荷は東京の2倍

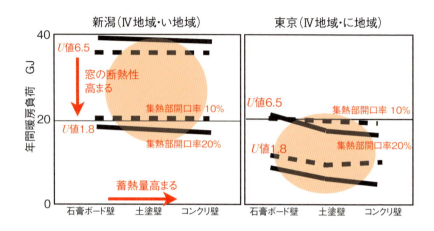

窓の断熱性・蓄熱量・集熱面積（集熱開口率）を，それぞれ変化させた場合の年間暖房負荷を示しています。

東京は，窓が大きく蓄熱量の多い方が，暖房負荷は小さくなります。
新潟は，窓の断熱性が低い場合に窓は小さい方が暖房負荷は小さくなりますが，断熱性が高いと窓は大きい方が暖房負荷は小さくなります。つまり新潟でも，窓の断熱を高めれば窓は大きい方が得になります。蓄熱効果は日射の多い東京で顕著ですが，日射の少ない新潟では効果が薄くなります。

（『自立循環型住宅への設計ガイドライン入門編』
((一財)建築環境・省エネルギー機構) より引用・編集）

	東京	新潟
年平均	2.52	2.19
冬	3.51	1.75
夏	1.83	2.16

南鉛直面日射量　kWh/m²·day

7章：ピンポイントの断熱レベル

　省エネ基準は，1999年基準までは暖冷房負荷だけを対象にした外皮（断熱）の基準でした。なので計算はQ値で行い，必要な断熱厚みが仕様規定されていました。
　ところがQ値では，日射取得による暖冷房負荷の影響は計算されません。そこで，とにかくQ値を小さくする（断熱性を上げる）ことだけが注目されました。
　これでは断熱を高めるために窓は小さくなり，換気は熱交換に……の方向に走ってしまいます。
　ところが2013年の基準改正で，外皮基準と一次エネルギー基準の2本立てとなり，省エネは一次エネルギー計算プログラムで評価されることになりました。その暖冷房の中に，日射取得も含めたエネルギー計算が行われることになりました。もちろん日本だけでなく海外でも，日射を含めた計算が始まっています。

暖房負荷で新潟は東京の2倍

　「自立循環型住宅への設計ガイドライン入門編」（（一財）建築環境・省エネルギー機構）に興味深いグラフがあります。雪国で冬の日射取得の少ない新潟（左）と，同日射取得の大きな東京（右）の年間暖房負荷を比較したものです。1999年基準のものなので，新潟も東京も地域区分では同じⅣ地域でした。ところが冬の日射量で新潟は東京の半分しかないので，日射取得も含めた暖房負荷は東京の2倍になってしまいます。どれだけ日射取得が，大きな省エネ効果をもっているのかがわかります。
　省エネ基準の地域区分は暖房度日（HDD）だけの判断で，数値の幅が広いので，実態と合わない土地も出てきます。新潟がその顕著な例です。基準値をクリアしていればよいと思い込んでしまいますが，基準はあくまで枠を決めた目安です。

7-2 基準は代表都市で計算

	暖房度日 (D18-18)	省エネ基準 代表都市	HEAT20 代表都市
1地域	4,500以上	北見	旭川
2地域	3,500以上4,500未満	岩見沢	札幌
3地域	3,000以上3,500未満	盛岡	盛岡
4地域	2,500以上3,000未満	長野	仙台
5地域	2,000以上2,500未満	宇都宮	宇都宮
6地域	1,500以上2,000未満	岡山	東京
7地域	500以上1,500未満	宮崎	鹿児島
8地域	500未満	那覇	-

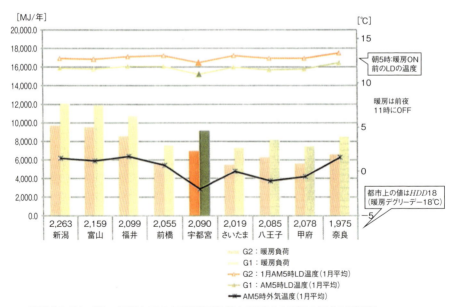

5地域のG1, G2　各都市での年間暖房負荷と15時の1月朝の平均LD温度

（HEAT20 グレード検討会議資料）

7章：ピンポイントの断熱レベル

　省エネ基準もHEAT20グレードも，気候地域区分は暖房度日（HDD）で区分しています。暖房度日は，暖房期間中の外気温と暖房設定温度との差を積算したものです。D18-18は外気温が18℃以下になれば暖房が始まり，暖房設定温度は18℃ということになります。

　したがって，その地域の温度的な気候特性を知るうえで有効なデータとなりますが，日本を8地域に区分した暖房度日は表のように大きな幅があります。たとえば5地域では，暖房度日が2,000以上2,500未満といった具合で，500度日の中に多くの都市が位置づけられています。

　次に，省エネ基準もHEAT20グレードも，温度とエネルギーの計算は各地域の代表地点で計算しています。

　代表地点は，省エネ基準とHEAT20グレードで違っています。グラフはHEAT20グレードの5地域にある9都市を取り上げ，朝の温度と暖房負荷の違いをみたものです。
●まず，朝5時の外気温度（黒の折れ線）は，宇都宮が一番低くなっています。新潟，富山，福井のように冬は寒さが厳しそうな都市より，さいたま，八王子，甲府といった関東の都市の方が，外気温は低くなっていることに驚かされます。
●ところが暖房負荷（オレンジと黄色の棒グラフ）では，新潟，富山，福井の方が関東の都市より大きくなっています。
●つまり，雪国は冬の晴天率が小さいため，放射冷却が緩くて，朝の外気温がよく晴れる関東より高くなり，暖房負荷では，逆に日射量が少ないので大きくなっています。
●外気温度が突出して低いのが宇都宮で，暖房負荷も関東の他の都市より大目です。

　以上のことから，5地域では宇都宮を代表都市にして計算・評価しているので，他の都市にとっては厳し目の評価になっています。

7-3 | 寒いかどうかは朝の室温

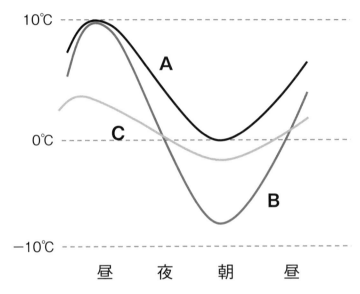

たとえば6地域の三つの都市の温度変化

	気候地域区分	1	2	3	4	5	6	7	8
省エネ基準 2013	外皮平均熱貫流率 U_A	0.46	0.46	0.56	0.75	0.87	0.87	0.87	—
省エネ基準 1999	気候地域区分	I	II	III	IV		V	VI	
	熱損失係数の基準値 Q	1.6	1.9	2.4	2.7			3.7	

7章：ピンポイントの断熱レベル

　省エネ基準もHEAT20グレードも，地域ごとの基準値をつくっています。地場工務店，設計士にとって，地域の大きな幅はときには大き過ぎる括りになることがあります。

　たとえば，同じ6地域の三つの都市があったとします。Aは首都圏の街で冬の日射量が多く，日中は10℃まで暖かくなり，朝もそれほど寒くありません。Bは地方の街で，日中は日量が豊富なのでA並みに暖かくなるのですが，とにかく朝の温度がとても低いのが特徴です。そして，Cは雪国で日射量が少なく，朝もそれほど温度は低下しませんが，日中も上がりません。これら三つの街は，平均温度では大きな差がないため暖房度日が近く，そのため同じ6地域として括られています。

　したがって，断熱レベルは6地域の基準値（U_A値 0.87 W/m^{2}K）でつくられるのが自然で，年間暖房負荷ではCが最も大きくなりますが，朝の寒さではBが最も厳しくなり……，「省エネ基準をクリアしているといいながらこの寒さはなに？」と建主からクレームが起りかねません。

　断熱性の評価で最も大きな位置を占めるのは，朝起きたときの室温です。省エネ基準でつくったのに暖かくならない。これをBの街の工務店は「ここは省エネ基準では足りない」と判断すればよいのですが，「日本の断熱レベルは低すぎる」と拡大解釈すれば，論を見失ってしまいます。

　一方，拙宅は東京・新宿の密集地にあって（268頁），20℃〜15℃のなまごろし温度で生活しています。ならば断熱レベルはG1グレードと思われて当然ですが，実はG1グレードまで届かず，省エネ基準程度でしかありません。U_A値は0.65 W/m^{2}Kで省エネ基準より25％高いのですが，Q値は2.61 W/m^{2}Kでしかないのです。それでも20℃〜15℃を実現しているのは，東京都内の陽だまりの暖かさに恵まれた好条件がそうさせているのだといえます。

7-4 ピンポイントの HEAT20 グレード

●建設地の気象特性と外皮性能から暖房負荷を求める

期間暖房負荷(MJ) ← HL
外皮平均熱貫流率(W/m²K) ← U_A
暖房度日 18-18 ← HDD
12〜2月の水平面全天日射量の総計(MJ/m²) ← Jh

$$HL = a \times U_A + b \times HDD + c \times Jh + d \qquad 式1$$

U_A 値の係数 / HDD の係数 / Jh の係数 / 切片

●建設地の気象特性と外皮性能から室温15℃未満の割合を求める

$$R_a = a' \times U_A + b' \times HDD + c' \times Jh + d' \qquad 式2$$

室温15℃未満の割合（%）← R_a

◎目標とする暖房負荷を満たす外皮平均熱貫流率（U_A 値）

$$U_A = (HL - b \times HDD - c \times Jh + d) / a \qquad 式1'$$

◎目標とする室温15℃未満の割合を満たす外皮平均熱貫流率（U_A 値）

$$U_A = (R_a 15 - b' \times HDD - c' \times Jh + d') / a' \qquad 式2'$$

7章：ピンポイントの断熱レベル

HEAT20 グレードも暖房度日の大きな括りで地域区分をつくり，温度と省エネの計算は代表都市で行っています。

そこでピンポイントでの評価がほしい場合に，誰もが手計算できる式がつくられています。

●建設地の気象特性と外皮性能から，暖房負荷（HL）を求めるのが式 1 です。
●建設地の気象特性と外皮性能から，室温 15℃未満の割合（R_a）を求めるのが式 2 です。

また，直接必要な断熱レベルを求める場合は……，

●目標とする暖房負荷（HL）を満たす外皮平均熱貫流率（U_A値）を求めるのが式 1' です。
●目標とする室温 15℃未満の割合を満たす外皮平均熱貫流率（U_A値）を求めるのが式 2' です。

※ U_A 値，HDD，Jh，それぞれの係数は下表のとおりです。
※暖房度日（HDD），12～2 月の水平面全天日射量の総計（Jh）は HEAT20 のホームページに資料がありますが，主要な都市に限定されていますので，その他の建設地では拡張アメダス気象データから入手してください。
※本項目の詳細は，「HEAT20 設計ガイドブック＋PLUS」（建築技術）を参照してください。

地域区分	a	a'	b	b'	c	c'	d	d'
1・2	88,271	9.3482	10.880	0.00165	−20.748	−0.00161	−27,112	−6.7045
3	49,217	70.346	3.6264	0.00244	−13.070	−0.01204	444.67	−12.433
4	25,281	46.385	10.091	0.01631	−12.761	−0.01965	−15,090	−28.469
5	20,188	47.999	8.1537	0.01124	−7.6219	−0.01042	−10,221	−20.250
6	15,501	45.971	6.6907	0.00994	−9.5087	−0.01717	−3,458.6	−10.085
7	11,095	46.634	7.4812	0.00925	−6.9280	−0.00670	−4,253.3	−18.053

7-5 朝はどこが 15℃以上ならよいの

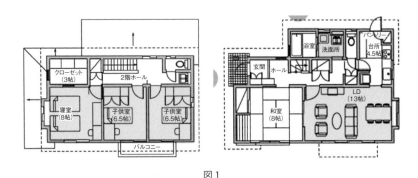

図1

HEAT20 シナリオによる 15℃未満になる割合 =

$$\frac{\text{室ごとの面積(m}^2\text{)} \times \text{室毎の暖房期間中に15℃未満となる時間数の合計(h)}}{\text{延床面積(m}^2\text{)} \times \text{暖房期間日数(日)} \times 24\text{(h/日)}} \times 100$$

室:台所,和室,寝室,子ども室1,子ども室2,1階ホール(玄関・廊下・階段),浴室,洗面室,1階トイレ,2階ホール,2階トイレ

図2

朝,LDKが15℃未満にならない断熱レベルの推計

前夜23時・20℃で暖房停止→朝5時のLDKの温度が15℃以上

※居室間歇暖房,外気温:建設地の日最低気温・旬平均の最も低い温度?
※温度は体感温度ではなく室温でよいと思います。

図3

7章：ピンポイントの断熱レベル

　筆者は快適の最低としてのなまごろし温度を，「暖房室（日射も暖房）が20℃以上で非暖房室が15℃以上，夜中に暖房を停止しても朝まで15℃以上」と定義してきました。では朝15℃以上の対象となる室を，どこに設定すればよいのでしょうか。寝室だという人もいれば，洗面・脱衣室だという人もいます（図1）。もちろん「すべて」が最良ですが，そうそう簡単にすべての部位を無暖房で15℃以上にはできません。
●朝15℃は布団の中がちょっと恋しい感じですが，出てしまえば薄いパジャマでも辛くはありません。
　また，日射量の多い地域でパッシブ設計をすれば，2階の日中は日射を受けて24℃くらいにまで高まるので，朝だって15℃以上を保ちます。2階の寝室は寒い部屋ではないのです。
●次に洗面・脱衣室ですが，ここはLDKからの熱が流れて15℃以上を保つような非暖房室なので，朝は15℃を切りますが，13℃以下にはならない部位です。非暖房室は，1.2℃しか変化しないからです。
　なので，洗面所を15℃以上にするのは難しいのですが，入浴とは違って裸になるわけではなく，歯を磨けば出て行くところでもあるので，13℃でも問題はないと考えます。
●一方，LDKはご飯を食べるので，朝の慌ただしさはあるものの，数十分は居るところなので，朝15℃以上の対象としては，このLDKと考えればよいと思います。
● HEAT20のシナリオは，居室と水まわり部分が対象でLDKに限定していません（図2）。
●なので，LDKを対象にした判断もほしいところですが，筆者にそのような計算プログラムをつくる実力はありません。
●本書を読んで，筆者の論に賛同し「LDKを15℃未満にしない断熱レベル」を計算するプログラムが開発されることを期待しています（図3）。
　もちろん建設地のピンポイントで，評価できるものでなければなりません。

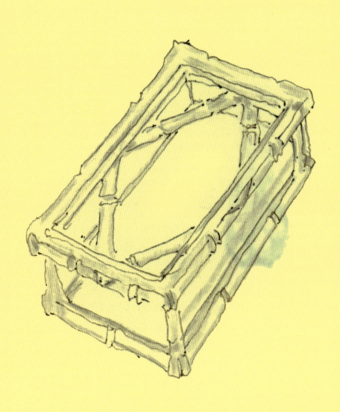

8 パッシブな家

本書は「寒さを残しながらの省エネ」を基本思想としながら、快適の最低を求める断熱レベルを想定しました。もちろんそこは居室間歇暖房の領域で、そのちょっと不快を逆に面白くさせるのがパッシブな気持ちと設計。本章では、そんなパッシブな家にまつわる話をしながら、パッシブデザインを探ります。

絵はガラスの小物入れ／アメリカ土産（左頁）とステンドグラスの小物入れ／櫻井弓子作品（右頁）

8-1 アクティブとパッシブ

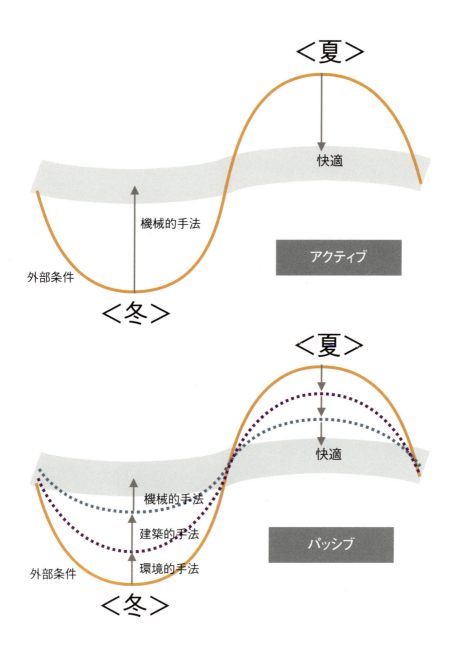

8章：パッシブな家

　バイオリズムのような大きな波……，これがパッシブデザインの基本中の基本を教えてくれる波です。
　グレーの太い波は快適な室内環境を示しており，個人差もあれば着衣量の差もあって太い線になっています。波は1年の周期で，冬は少し低温で夏は少し高温。快適範囲の波が冬に低く夏に高いのは，温度に身体に慣れるためです。
　オレンジの大きな波は外部条件（外気温）です。地域によっては，冬はとても寒いので快適範囲との差が大きく，夏は逆に涼しいので快適範囲との差は小さかったり，その逆の土地もあったり……。
　さて，外部条件は大きく波打っていますが，この波を快適範囲まで近づけなければいけません。そこで，直ぐにエアコンを思い浮かべるのがアクティブな発想で，これを機械的手法と呼びます。
　一方，まずは周辺環境としての太陽，風，緑，コミュニティなどに配慮して外部条件を和らげながら，次に建物の断熱・気密などによる建築的手法がさらに和らげて……，それでも快適範囲に届かないときにはエアコンなど機械的手法に頼ります。こうした一連の流れにより，できるだけ機械的手法に頼らず，自然と共生する生活を求めるのがパッシブ思想です。

パッシブ＝あいまい
　パッシブはこうして，周辺の環境因子を読み取ることから始めるので面倒だし，パッシブ＝受け身＝あいまい＝少し我慢といった具合で不安定です。それでもこんな自然さに好感度をもつ人も多くて，日本らしさと重なります。
　パッシブに夢中になると，機械的手法に頼りたくないという意識がどんどん強くなって，少しの寒さ・暑さは我慢しても，ゼロ暖冷房にもっていきたくなります。それもよしですが，足りなければ空調するという余裕があってもパッシブ。

8-2 エキセルギーとコージェネ

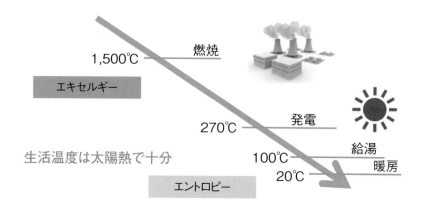

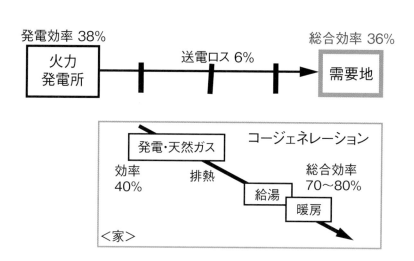

8章：パッシブな家

　パッシブ思想の基本としてもう一つ覚えておきたいのが，「エキセルギー」の概念です。
　152頁でエキセルギーとエントロピーについてはすでに説明しましたが，ここでは生活上での応用を考えてみます。
　何かを燃やせば1,500℃もの高温になります。
　一方，お湯は100℃で湧くし，風呂は40℃で入ります。暖房に至ってはたったの20℃です。このお湯や風呂，暖房のために，私たちは1,500℃もの高熱を使っているのです。
　1,500℃あったらセラミックが焼けるほどの価値があるのに，たった100℃以下で使われたのでは石油もガスも本望ではありません。
　そこで思いつくのが太陽熱です。太陽熱で温水をつくれば90℃を超えます。太陽熱温水器で風呂に入れるし，床暖房だってできます。さらに，わざわざ温水をつくらなくても，窓から日射を取り込むだけで暖房も可能です。

コージェネレーション

　発電は270℃の熱で蒸気タービンを回してつくりますが，発電効率は38％程度しかありません。しかも遠くの需要地まで送電線で送られる間に6％ほどロスしますから，需要地に辿り着くまでには1/3がむだになってしまいます。この話は一次エネルギー（120頁）で説明しました。
　さて，ここでは発電した後も高温の余熱があることに着目します。100℃以下で生活している私たちにとって，蒸気タービンの余熱は高すぎる温度です。これを捨てる手はありません。でも，発電所は遠くにあるので余熱を使えません。
　そこで，需要地で発電するのがコージェネレーションです。コージェネレーションは建物に付随して設置され，そこで天然ガスや水素（燃料電池）で発電します。これを分散型発電と呼びます。発電効率は改善されませんが，余熱を給湯，暖房に用いることで，総合効率は70〜80％にも高めることができます。

8-3 | 世界中の窓が大きくなった

断熱性を高めると，窓が小さくなってしまう……と，思っている人が少なくありません。ところが世界的に，その逆の現象が起こっています。

冬のドイツ・ウイズバーデンの公園で，ベンチに座ってぼーっとしている若者の姿がありました。職でも失ったのか……と思っていると，他のベンチでも同じような姿がみられます。つまり，彼らは久し振りに仰ぐ太陽に顔を向けて日向ぼっこをしているのです。

夏には芝生に水着姿で寝転び，冬はこうしてベンチで……，よほど日射が好きな国民と思われますが，それは冬に日射が少ないことの反動なのです。

8章：パッシブな家

スイス伝統的な住宅

断熱改修した集合住宅

プラスエネルギー住宅

ミネルギーPエコのオフィス

窓は大きく……

　スイスの家といえば，小さな窓に鎧戸がついている姿が思い浮かびます。でも今では集合住宅も，戸建住宅もオフィスも省エネ性能を高めながら窓を大きくしています。理由は日本と同様に，暖房負荷計算に日射取得が加わったことです。

　スイスに限らず，世界中の断熱住宅では窓を大きくしようとしています。

　晴ればベンチで日向ぼっこするほど冬に日射の少ない北ヨーロッパでも，計算では窓は大きい方が暖房負荷で有利になります。ましてや日射量の多い日本では，窓が大きくなって当たり前なのです。

8-4 窓は高断熱化して横長に

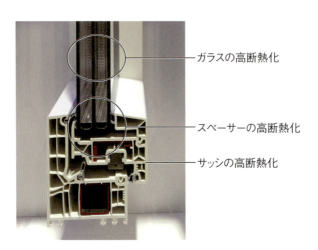

- ガラスの高断熱化
- スペーサーの高断熱化
- サッシの高断熱化

ドイツ・フェンスターバウ（窓展）で……

8章：パッシブな家

　世界中の建物が断熱を高めながら窓も大きくしているといいましたが，正確には日射取得で有利な南面の窓のことで，日射の少ない土地では窓は大きければ得というわけにはいきません。
　また，日射は一つの窓に数時間しか射さないので，他の時間は熱損失する場になります。そのため窓を大きくするなら，窓の断熱性を高めなければならないのです。
　そこで，一気に欧州の窓が高断熱化しました。
　窓の断熱は，サッシ（フレーム）とガラスに分けて考える必要があります（詳細は9章で説明します）。
　サッシでは素材の断熱化（アルミ→樹脂，木へ）だけでなく，写真のようにサッシの中に部屋（空気層）を沢山つくって断熱性を高めています。
　ガラスでは写真のような3層（トリプル）で，Low-Eで，しかも熱を伝えにくいガスを封入することで，どんどん断熱性を向上させています。もう一つ熱損失で忘れてはいけないのは，複数のガラスをつなぐスペーサーの断熱化で，アルミ製から樹脂製に変わろうとしています。

欧州の窓も横長に

　日本の窓といえば横長・スライド型の引違いで，欧州の窓といえば縦長の開き戸と思っていました。窓が大きくなれば，当然に窓は横長になります。そして，横長になればスライド型になるのも当然で，ドイツ・ミュンヘンで開かれる窓展では，写真のような横長の窓が多くなっています。問題は，トリプルガラスをのせた大きな窓がスライドするので重くなることです。
　ところが開けてみると，カラカラと開きます。しかも閉まるときは指を挟まないように，自動で一旦停まる安全設計になっていたり……。いよいよ本格的に，欧州の窓は大きくなっていきそうです。

8-5 | 窓が大きいから日射遮蔽

　筆者が基本設計した延床面積18坪の小さな家。しかも，横浜市内という密集地で果敢に挑戦したパッシブデザイン。

　道路側が南で，周辺はマンションなどが建ち並ぶ条件で，プライバシー×眺望，日射取得×日射遮蔽の相互矛盾する課題が山積み。課題を消化するため，外付けブラインドを使って開けたり閉めたりすることにしました。

　開口部の裏は吹抜になっていて，冬は見事に日射を家の奥まで取り込みます。通りは大勢の人が往来しますが，ブラインドの羽根の角度を調整してプライバシーを守りながら自然風を取り込みます。

※外付けブラインドはドイツ製のヴァレーマ
※本住宅の詳細は筆者ホームページ＞＞　建築作品＞＞　街弁II

8章：パッシブな家

　欧州の家は断熱性が高まることで，間取りが開放的になって気持ちよくなった……という話を聞きます。開放的になったのは家の中だけでなく，外に向けても広がりだして，庭が近づき，眺望が開けてきました。こうなると，課題はプライバシーと夏の日射。

　夏は乾燥していて，日陰はひんやり爽やかな欧州ですが，断熱性がとても高いので，日射が入り込めば室内は煮えくり返ってしまいます。

　そこで窓が大きくなるのと歩調を合わせて，窓の外には外付けのブラインド，オーニング，ロールスクリーンなどの日射遮蔽装置が取り付けられることになりました。

　日本だと庇をつければ満足してしまいますが，欧州の日射遮蔽に対する執拗さは日本人にとって眩しいくらいです。今に始まったことではなく，古くは鎧戸がその役目を果たしていました。

　きっと夏は夜遅くまで明るい欧州では，鎧戸を閉めなければ寝られないし，強くてクリアな日射さえ防げば涼しく過ごせることから，窓の外で日射を遮る手法が定着してきたのでしょう。

　一方，日本は日射遮蔽に疎すぎるといえます。庇や軒の出，簾などの伝統をもちながら，今では無頓着になってしまった日射遮蔽。欧州と気候が似た北海道には，庇すらついていない家が多くて驚かされます。「なぜ？」と問うと，「晴れて日射が入ったら暖かいから，寒い北海道では庇をつけない」という答えが返ってきました。一つの答えでしかありませんが，高断熱化が進む北海道で冷房する家が多くなったのは，快適追求の結果なのか，日射が入って暑いのか，それともエアコン暖房が増えたから冷房も始まったのか？

　いずれにしても，高断熱化と日射遮蔽は一体で考えることです。

8-6 日本には障子, 縁側がある

拙宅の縁側と座敷を開けたり閉めたり

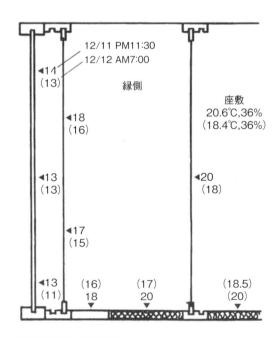

拙宅縁側部分の温度態

8章：パッシブな家

　日本の省エネ基準で標準となる窓は，アルミサッシ＋複層ガラス A6 で断熱性能は U 値で 4.65 W/m²K。今や先進諸国の窓は 1.0 W/m²K を切るのが当たり前の状態で，日本の窓はあまりにも低レベルだといわれてしまいます。

　たしかに 4.65 W/m²K は話にならないレベルで，筆者が高断熱に取組み始めた 30 年前から樹脂サッシ＋複層ガラス A12 が基本でしたから U 値は 2.9 W/m²K。今では Low-E 複層 A12 がのって 2.33 W/m²K。

　温暖地でも，樹脂サッシ＋Low-E 複層 A12 レベルが快適の最低（HEAT20・G1 グレード）といえます。世界基準レベルの家をつくるときには欧州から，超高断熱窓を輸入することもありますが，窓の断熱性能は単体で考える必要はなく，日本なら障子と縁側を併せて考えることができます。

　写真は拙宅の縁側で，1.5 m の幅があります。座敷の障子を開けば部屋は縁側まで広がり，閉めれば小さな部屋に戻ります。障子と縁側を加えた場合の断熱性については，222 頁で計算方法を示しています。窓単体（木製複層 A12：U 値 2.91 W/m²K）に比べて，縁側の障子を閉めると 17％断熱性が向上し（U 値 2.41 W/m²K），座敷の障子を閉めると 25％向上します（U 値 2.17 W/m²K）。

　断熱性では大した効果ではないかもしれませんが，温度では顕著な効果をみせてくれます。

　図のように……座敷の温度が 20.6℃のときに，窓下部の表面温度は 13℃ですが，障子の表面は 17℃に改善。縁側の床表面をみると窓辺は 18℃ですが，1 m 入ったところでは 20℃になっていて，座敷と変わらぬ温度まで改善しています。もちろん座敷の障子表面温度は 20℃です。

　このように，縁側は温度の改善では，大きな効果があります。

8-7 | パッシブからアクティブの順序

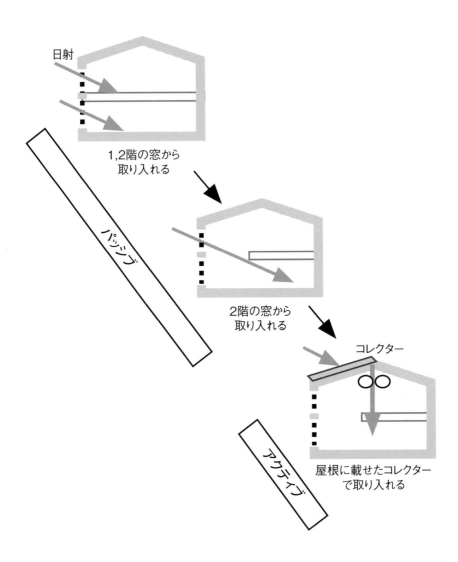

8章：パッシブな家

①冬に日射の多い地域だったら，大きな窓を南面につくって，たっぷりと冬の日射を取り込みましょう。
②でも隣の家の影になって，1階の窓から日射が入らない場合は，2階の窓から取り込みましょう。ただし，1階の奥まで日射を入れるためには，吹抜をつくらなければなりません。これが，2階から日射を取り込むためのハンデキャップです。
③その2階も，日陰になるような土地では屋根から取り込みましょう。頂側窓からでもルーフウィンドからでもよいのですが，面積が小さいので不十分です。
④最後の手段は，屋根の上に集熱器を置いて太陽熱を取り込みましょう。取り込んだ熱は，温水または空気で室内に送り込みます。

条件が悪くなるほど重装備に
　条件がよければシンプルに窓からで十分ですが，条件が悪くなるほど重装備化していきます。パッシブからアクティブに変化していくのです。
　窓から日射を取るだけなら無料ですが，屋根のコレクター機器は高価なものになり，動かすエネルギーコストも小さくありません。
　そこでコレクター機器には，コストに見合う分の価値が求められます。①安定した日射取得ができること，②給湯もできること，そして③換気もできること……，といった具合です。
　パッシブとアクティブどちらが正しい……はありませんが，まずパッシブから設計をスタートさせ，その条件に合わない場合にアクティブ（機械化）に進んでいく……，というのが順序だと思います。

8-8 伝統が活きるパッシブ

綾川の家　　設計：(有)小松秀行建築工房

香川県に建設された「綾川の家」は伝統の美をもちながら，断熱性も省エネ基準をクリアしています。そのままパッシブデザインも実現しています。伝統に断熱をのせれば，それだけで世界に誇る日本型パッシブデザインになるのです。

8章：パッシブな家

　省エネ基準が義務づけられれば，伝統建築は立ちゆかないといって反発する人がいます。たしかに，筆者も華奢な美しさをみせる数寄屋づくりに断熱をのせたいとは思いません。
　でもしっかりした木造軸組造の住宅で，断熱を拒否するのはいかがなものかと思います。伝統派の中には，省エネ基準がどれほどの断熱を要求しているのかも知らない人がいます。知れば「これくらいなら自分でもすでにやっている」という人がいるに違いない……と，語りかけたのが58頁です。
　また省エネ基準が義務化になったら，土壁がなくなるという人がいます。そんなことはありませんと説明したのが60頁です。それでも，ディテールで伝統から外れるのは許せない……という考えもあるでしょう。
　また，20℃にする必要はないという意見もあります。まるで省エネ基準が，欧米のように全館連続暖房の20℃のようにみえているのかもしれません。省エネ基準が守るのは，居室間歇暖房で朝10℃を下まわらないレベルのことです。
　だから健康の最低はクリアする必要があり，それでもディテールにこだわるなら，建主に「その理由と性能と，どんな温度の生活になるか」を説明する必要があると思います。筆者は性能表示を条件として，義務化には反対の姿勢を示してきました。
　拙宅は築70年の古住宅をパッシブ改修しました。その体験が，本書を書かせる動機になっています。
　日本の伝統である「開く技術」に，現代の「閉める技術」をのせて，欧米にはない日本型パッシブデザインをつくりたい。その思いが建替えではなく，パッシブ改修をさせたのです。2017年度には建築物省エネ法によって，伝統建築は外皮基準の義務から外れることになりそうです。
　外れることで安心する前に，伝統が断熱をのせるとどれほど魅力的なものになるのか……を考えてほしいのです。

8-9 静の暖房と動の暖房

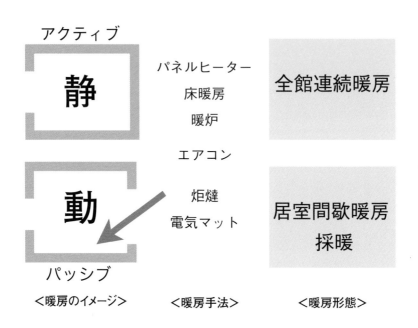

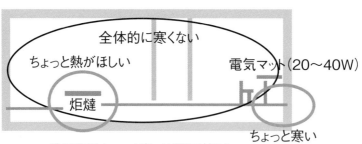

動の暖房のちょっと寒いは採暖で対応も……

8章：パッシブな家

　パッシブデザインを進めていくと，暖房の中に二つの「形」があることに気づきます。**静の暖房**と**動の暖房**です。
　静の暖房は，全館連続暖房の中で静かに快適を味わう雰囲気。雪がしんしんと降り積もる中で，暖炉の前で本でも読んでる姿が想像されます。
　動の暖房は，冬にもよく日が差して部屋の中はポカポカで，もちろん暖房は停止状態。でも夕方になれば室温は下がっていき，ここで少し暖房。こんな感じで外と向き合いながら，暖房したり，停めたり，少し我慢したり。
　静の暖房で似合うのは全館連続暖房で，パネルヒーターや床暖房，暖炉といったところでしょうか。
　動の暖房ではエアコンで居室を暖房し，炬燵や電気マットのような採暖が似合いますが，基本的に太陽が暖房器という位置づけです。
　エアコンはどちらにも似合うのですが，静の暖房では床下エアコン暖房が，動の暖房では壁掛けエアコンが似合います。もちろん動の暖房は，温熱的に不安定で暖房むらが生じるので，重要なのは床を低温にしないこと。そこで直ぐに床暖房にすれば……，と発想するのが静の暖房。ではなく，床を畳にする，無垢の板にする，水まわりはコルクのタイルにする，絨毯を敷く……といったことが動の暖房。
　また，障子や襖で窓の冷気対策をしたり，暖房空間を狭めたりすることもあります。
　つまり，パッシブを基本にした動の暖房は忙しいのです。もう一つ，子ども部屋のように，じっとしていれば20℃でも寒い状況では，部屋を暖める前に足元に電気マットという手があります。ちょっと足元が寒いだけでも不快……，これを防ぐのに大げさな暖房は動の暖房には似合わないのです。

8-10 パッシブバランス

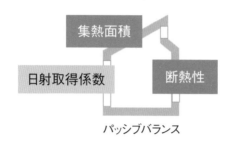

パッシブバランス

呼称	屋根	壁	基礎	参考Q値
小	50	30	30	集熱：大2.2　小2.0
大	100	100	100	集熱：大1.5　小1.35

硬質発泡ウレタン（PU）外張断熱工法
※南北ともに障子付き。夏の日射遮蔽部材は南面だけ障子付き

大　　日射取得率　　小

呼称	仕様	南面$U(\eta)$	北面$U(\eta)$
南面複層	南複層A12+北Low-E複層G12	2.91(0.79)	1.90(0.54)
高断熱G	南北ともにLow-E複層G12	1.90(0.54)	1.90(0.54)

※1 省エネ基準1次エネルギー算定プログラムで計算
※2 計算に用いたモデル住宅の詳細は81頁を参照

8章：パッシブな家

　パッシブデザインを求めるとき，断熱と日射のバランスで迷いが生じます。
●集熱量を大きくすれば，断熱性が下がります。
●窓の日射取得を高めれば，断熱性が悪くなります。
●南の開口は大きく，北は小さくする……では，南の窓は断熱性を高めるために高断熱ガラスにする方がよいのか，日射取得で有利な複層ガラスの方が得なのか？　さまざまな組合せを想定して計算してみました。果たして，どんな組合せが最も省エネなのでしょうか？

集熱面積・断熱性・日射取得係数
●集熱面積は，南面開口率で「大」が23％，「小」が15％に設定。
●断熱性能は計算を簡単にするため硬質発泡ウレタンの外張断熱にして，厚みを屋根50 mm＋壁30 mm＋基礎30 mmという，まったく無理のないレベルを「小」とし，厚みを増した屋根100 mm＋壁100 mm＋基礎100 mmを「大」としました。第3種換気と組み合わせたQ値は，「小」が2.2 W/m^{2}K，「大」が1.5 W/m^{2}K です。
●モデル設計の窓は南北にしかありませんが，日射取得係数では，南面を複層ガラスにして北面を高断熱ガラスにした「南面ペア」と，南北ともに高断熱ガラスの「高断熱G」にしたものを想定しました。それぞれのU値とη値は表のとおりです。

検討対象地域
●温暖地だけでなく，寒冷地での検討もするため，建設地を地域区分6と3の2地域を対象にしました。
●6地域の代表都市は岡山，3地域の代表都市は盛岡で，年間日射地域区分と暖房期日射地域区分は下表のとおりです。

地域区分	代表都市	年間日射地域区分	暖房期日射地域区分
6	岡山	A3	H4
3	盛岡	A4	H3

8-11 南面の窓は複層か高断熱か

パッシブバランスによる暖冷房エネルギー消費の変化とは……
- 3地域の暖房Eは6地域の2倍強あり、冷房Eは1/5しかありません。
- すべてのケースで、南面複層が高断熱Gより省エネになります。
- 集熱面積（窓）が大きい方が、暖房は減りますが、冷房は増えます。
- 同じ集熱面積の場合は、断熱性を高めた方が、暖冷房ともに減少します。
- 同じ断熱性能の場合は、集熱面積が大きい方が、暖房は減少します。

地域区分	集熱面積	断熱性能	ガラス	暖冷房E (MJ)
6	大	50	南面複層	20,631
			高断熱G	21,013
		100	南面複層	13,234
			高断熱G	14,395
	小	50	南面複層	22,334
			高断熱G	23,049
		100	南面複層	14,297
			高断熱G	15,828
3	大	50	南面複層	36,494
			高断熱G	39,006
		100	南面複層	22,917
			高断熱G	24,963
	小	50	南面複層	39,834
			高断熱G	41,829
		100	南面複層	25,156
			高断熱G	26,329

※計算条件：居室間歇暖房、通風あり（5回/h）、高効率エアコン（レベル：い）、第3種換気。
冬：窓に障子あり。夏：窓に障子で日射遮蔽。
基準では、夏に障子で日射遮蔽すると、冬にも障子で日射遮蔽している計算になりますが、ここでは、冬と夏でη値を変えて2通りの計算をしています。

8章：パッシブな家

高断熱化の省エネルギー効果
● 6 地域では，6.5〜8GJ・30〜35％削減します。
● 3 地域では，13.5〜15GJ・35％程度削減します。
◎以上のように日射量の多い地域は，温暖地，寒冷地ともに南面にη値の大きな窓を，大きくする方が有利になります。

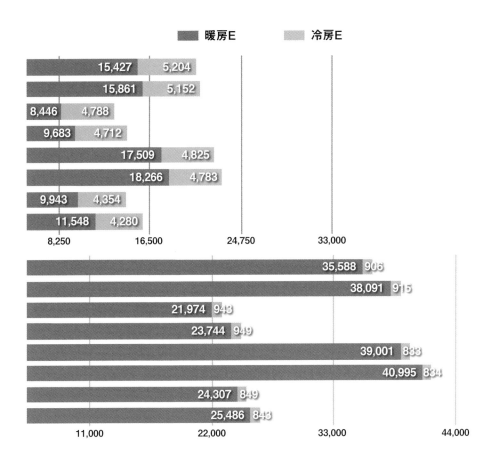

8-12 通風の省エネ効果

集熱，断熱，日射取得に「通風あり」を加えてみると……

<6地域>

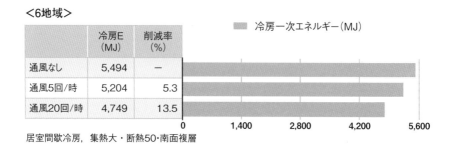

	冷房E (MJ)	削減率 (%)
通風なし	5,494	―
通風5回/時	5,204	5.3
通風20回/時	4,749	13.5

居室間歇冷房，集熱大・断熱50・南面複層

〈6地域〉居室間歇冷房，集熱大・断熱50・南面複層

●通風があることで，5％（換気回数5回/時）～14％（換気回数20回/時）冷房一次エネルギーが削減します。

※2階建のケースで20回/時は無理があり，通風による省エネ効果は5％程度が限度と考えればよいでしょう。

ただし，省エネ基準では密集地での風圧係数差を0.05に設定しており，周辺に家のないような状況では約2.5倍ほど換気量は増えると考えてよいでしょう。

とはいえ5回/時で0.3GJ，20回/時で0.75GJの削減ですから，エネルギー消費の小さい冷房では省エネ効果は大きくなりません。

それでも，通風を心地よいと感じるのが日本人。外の湿気まで取り込む通風より，除湿もできる冷房の方が心地よいという考えにも異論はありませんが，快適はなんでもありでよく，熱帯夜が続く中でもぽっかりと涼しい日があったとしたら，冷房より外の涼気を入れた方が心地よくて健康的。全館連続冷房に浸っていれば，外が涼しい日があっても気づかないでしょう。

8章：パッシブな家

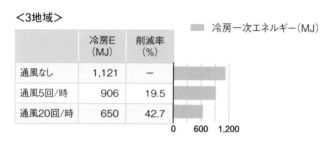

居室間歇冷房，集熱大・断熱50・南面複層

〈3地域〉
●通風があることで20％（換気回数5回/時）〜43％（換気回数20回/時），冷房一次エネルギーが削減します。
●6地域に比べると削減率は大きいのですが，削減量は小さくなります。

8-13 蓄熱の省エネ効果

集熱，断熱，日射取得に「蓄熱あり」を加えてみると……

集熱	断熱	窓	暖房一次エネルギー(MJ)			減少率
			なし	蓄熱あり	減少値	
大	小	南面ペア	15,427	12,987	2,440	16%
		高断熱G	15,861	14,165	1,696	11%
	大	南面ペア	8,446	6,095	2,351	28%
		高断熱G	9,683	8,119	1,564	16%
小	小	南面ペア	17,509	15,570	1,939	11%
		高断熱G	18,266	16,714	1,552	8%
	大	南面ペア	9,943	8,470	1,473	15%
		高断熱G	11,548	10,235	1,313	11%

暖冷房ともにエアコンディショナー（い）通風あり5回，蓄熱あり

●蓄熱があることで，暖房エネルギーは8〜28％削減します。
●集熱面積が大きい方が，蓄熱効果が高まります。
●断熱性の高い方が，蓄熱効果が高まります。
●同じ断熱性のグループでは，日射取得の大きい方が蓄熱効果が高まります。

　以上のように，**断熱性が高ければ高いほど，日射取得が大きければ大きいほど，蓄熱効果は高まり**，その逆では蓄熱効果は高まりません。

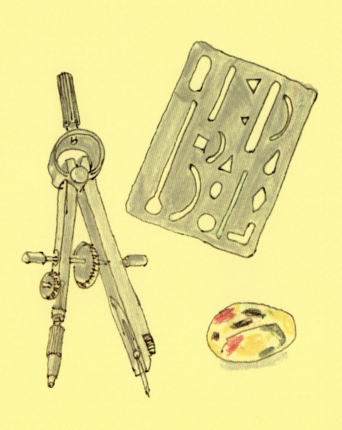

9 基礎知識・用語

本章では、本書にちりばめられている専門用語や計算結果について、詳細な解説を試みたものです。したがって、基礎知識としての全体を網羅しているわけではなく、本書を理解するために必要な項目だけを取り上げています。でも、とても重要で、しかも案外詳細は知られていないものに絞っていますので、改めて知識チェックをしてみてください。

絵は製図に使っていた道具たちです。手描きがなくなった今ではちょっと寂しそうです

9-1 | U_A 値と Q 値

1999年基準

熱損失係数
$$Q値 = (Q_R + Q_W + Q_F + Q_V) \div S$$
W/㎡K　　　　　　　　　　床面積

Q_R：屋根（天井）からの熱損失
Q_W：壁・窓からの熱損失
Q_F：床（基礎）からの熱損失
Q_V：換気による熱損失

2013年基準

外皮平均熱貫流率
$$U_A値 = (Q_R + Q_W + Q_F) \div A$$
W/㎡K　　　　　　　　　外皮面積

省エネ基準 2013	気候地域区分	1	2	3	4	5	6	7	8
	外皮平均熱貫流率　U_A	0.46	0.46	0.56	0.75	0.87	0.87	0.87	—
省エネ基準 1999	気候地域区分	Ⅰ		Ⅱ	Ⅲ	Ⅳ		Ⅴ	Ⅵ
	熱損失係数の基準値　Q	1.6		1.9	2.4	2.7			3.7

省エネ基準の更新による外皮性能評価の変化　表1

9章：基礎知識・用語

　従来の省エネ基準は熱損失係数（Q値）で評価してきましたが，2013年基準から外皮平均熱貫流率（U_A値）で評価することになりました。気候地域区分も6地域から8地域に増えて，これらの関係は表1に示すとおりです。
　Q値からU_A値に変わった理由は，Q値よりもU_A値の方が建物の大きさや形状に左右されることが少ないからです。
● Q値は内外1℃の温度差があるときに，屋根または天井，壁＋窓，床または基礎から逃げる熱に，換気の熱損失を加えた「総熱損失量」を床面積で除したものです。
● したがって，Q値はこれに内外温度差を掛ければ暖冷房負荷が計算でき，暖房度日（ディグリーディ）を掛ければ年間暖冷房負荷を計算することができてとても便利です。
● 省エネ基準1999の東京（Ⅳ地域）の基準Q値は2.7 W/m^{2}Kでしたが，その中で換気の占める熱損失量は0.42 W/m^{2}Kでした※。つまり換気による熱損失の割合は全体の15％ほどでしたが，高断熱化してQ値1.0 W/m^{2}K以下をめざした場合に0.42 W/m^{2}Kは大きな負担になります。そこで，8割も9割も熱を回収できる熱交換換気にする必要が出てきます。8割回収としても0.42×0.2＝0.08の熱損失となり，これならQ値1.0を切る場合でも負担は軽くなります。
● 熱交換換気が注目を集めるようになったのは，超高断熱・Q値競争に走り出してからです。そこでは換気装置の電力量は計算されなかったので，熱交換換気は有利に働いたのです。
● 現省エネ基準では，換気による熱損失は一次エネルギープログラムの「暖冷房」の中で計算し，換気装置の使用する電力は「換気」の中で計算します。つまり，換気装置の電力が負荷として計算されることになったわけで，その結果は138頁で説明したとおりです。

※第3種換気　天井高さ2.4m×空気の比熱0.35 W/m^{2}K×0.5回/h＝0.42 W/m^{2}K

9-2 | U値とλ

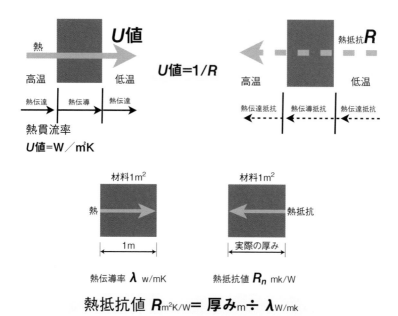

熱抵抗値 $R_{m^2K/W}$ = 厚み$_m$ ÷ $λ_{W/mK}$

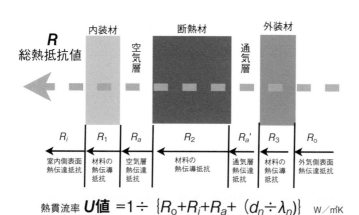

熱貫流率 U値 $= 1 ÷ \{R_o + R_i + R_a + (d_n ÷ λ_n)\}$ W/m²K

9章：基礎知識・用語

　熱貫流率（U値）とは，例えば室内から壁を貫いて外まで熱が流れる量を示すものです。部位（1 m²）の内外に1 K（℃）の温度差ができたときに，1時間に貫流する熱量で，単位は W/m²K。
　①U値を算出するためには，まず熱抵抗値（R）を求めます。
　②次に，$1 \div R$ でU値が求められます。
　熱抵抗とは文字どおり熱を伝えまいと抵抗することで，部材の熱伝導抵抗と空気層の熱伝達抵抗があります。これらを足したものが熱抵抗値（R）で，1をRで除せばU値となります。
●空気中を熱が伝わることを熱伝達と呼び，部材の中を伝わることを熱伝導と呼びます。呼び方が違うのは，空気中では熱は「伝導と対流と輻射」で伝わるのに対して，部材の中は「伝導」だけで，伝わり方が違うからです。
●熱伝導で伝わる部分の熱抵抗値Rは，部材の「厚み」を「熱伝導率」で除したものです。
●空気層と通気層の熱抵抗値（R）は，表1，2に示すとおりです。
●また，外装材，内装材の外側には表面熱伝達抵抗があり，屋根，天井。壁，床で表1のように違っています。
●これら材料と空気層，通気層，表面の熱抵抗を組み合わせた総熱抵抗値を算出し，1を総熱抵抗値で除せば熱貫流率が計算できます。

部位	室内側表面熱伝達抵抗（Ri）	室外側表面熱伝達抵抗（R_o）	
		外気の場合	外気以外の場合
屋根	0.09	0.04	0.09（通気層）
天井	0.09	−	0.09（小屋裏）
外壁	0.11	0.04	0.11（通気層）
床	0.15	0.04	0.15（床　下）

表面熱伝達抵抗値（W/m²K）　表1

	空気層の厚さ	空気層R_aの熱抵値
工場生産で気密なもの	2cm未満	0.09×空気層厚さ
	2cm以上	0.18
上記以外	1cm未満	0.09×空気層厚さ
	1cm以上	0.09

空気層の抵抗値（W/m²K）　表2

9-3 充填断熱・外張断熱・付加断熱

壁：グラスウール100充填

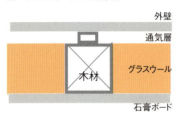

図1

表1

(充填断熱GW100)の実質熱貫流率 W/m²K				
仕様番号	部分名		一般部	熱橋部
	熱橋面積比		0.830	0.170
	熱伝導率λ W/mK	厚さd m	d/λ m²K/W	
熱伝達抵抗 R_i	—	—	0.110	0.110
グラスウール	0.045	0.100	2.222	0.000
木材	0.120	0.100	0.000	0.833
石膏ボード	0.220	0.012	0.055	0.055
熱伝達抵抗 R_o	—	—	0.110	0.110
熱貫流抵抗 $\Sigma R = \Sigma (d_i/\lambda_i)$			2.497	1.108
熱貫流率 $U_n = 1/\Sigma R$			0.401	0.903
平均熱貫流率 $U_i = \Sigma (a_{in} \cdot U_n)$				0.486

壁：硬質ウレタン50外張

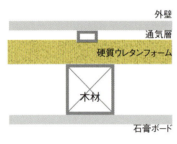

図2

表2

(外張断熱PU50)の実質熱貫流率 W/m²K				
仕様番号	部分名		一般部	熱橋部
	熱橋面積比		0.830	0.170
	熱伝導率λ W/mK	厚さd m	d/λ m²K/W	
熱伝達抵抗 R_i	—	—	0.110	0.110
硬質発泡ウレタン	0.023	0.050	2.174	2.174
木材	0.120	0.100	0.000	0.833
石膏ボード	0.220	0.012	0.055	0.055
空気層			0.090	0.000
熱伝達抵抗 R_o	—	—	0.110	0.110
熱貫流抵抗 $\Sigma R = \Sigma (d_i/\lambda_i)$			2.538	3.282
熱貫流率 $U_n = 1/\Sigma R$			0.394	0.305
平均熱貫流率 $U_i = \Sigma (a_{in} \cdot U_n)$				0.379

壁：グラスウール100充填＋硬質ウレタン50外張

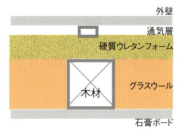

図3

表3

(付加断熱GW100＋PU50)の実質熱貫流率 W/m²K						
仕様番号	部分名		充填＋付加	充填＋付加熱橋	構造＋付加	構造＋付加熱橋
	熱橋面積比		0.750	0.080	0.120	0.050
	熱伝導率λ W/mK	厚さd m	d/λ m²K/W			
熱伝達抵抗 R_i	—	—	0.100	0.100	0.100	0.100
硬質発泡ウレタン	0.023	0.050	2.174	0.000	2.174	0.000
グラスウール	0.045	0.100	2.222	2.222	0.000	0.000
木材（構造）	0.120	0.100	0.000	0.000	0.833	0.833
木材（付加断熱）	0.120	0.050	0.000	0.417	0.000	0.417
石膏ボード	0.220	0.012	0.055	0.055	0.055	0.055
熱伝達抵抗 R_o			0.110	0.110	0.110	0.110
熱貫流抵抗 $\Sigma R = \Sigma (d_i/\lambda_i)$			4.661	2.904	3.272	1.515
熱貫流率 $U_n = 1/\Sigma R$			0.215	0.344	0.306	0.660
平均熱貫流率 $U_i = \Sigma (a_{in} \cdot U_n)$				0.259		

9章：基礎知識・用語

　部位の熱貫流率 U 値の計算はわかったとして，木造住宅では柱やスタッドが熱橋になるので，断熱部と熱橋の部分を併せた熱貫流率を計算しなければなりません。熱橋のある構造の熱貫流率は，熱橋面積比率（表4）を用いて計算します。外壁の場合の熱橋面積比率は，断熱部が0.83，熱橋部が0.17。

●充填断熱と外張断熱で，同じ熱抵抗値の断熱材を施工した場合の U 値を比較したのが，図1・表1，図2・表2です。外張断熱の方が，充填断熱より約20％断熱性が高まります。

●さらに断熱性を高めるために，充填断熱と外張断熱を組み合わせたものが付加断熱で，熱橋面積比率は横下地と縦下地で違います（表4）。

●図1と図2の断熱層を付加断熱として組み合わせてみると，U 値は0.259になります。図1の充填断熱に比べて，断熱性は約50％，外張断熱より約30％アップします。

部位	工法の種類等		面積比率 a		
			断熱部	断熱部・熱橋部	熱橋部
外壁	柱・間柱間に断熱する場合		0.83		0.17
	柱・間柱間断熱＋付加断熱（図4）		ⓔ充填断熱材＋付加断熱材	ⓕ充填断熱材＋付加断熱層内熱橋部	ⓖ構造部材等＋付加断熱材	ⓗ構造部材等＋付加断熱層内熱橋部
		横下地の場合	0.75	0.08	0.12	0.05
		縦下地の場合	0.79	0.04	0.04	0.13

熱橋面積比率　表4

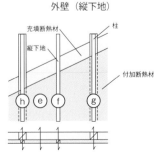

図4

9-4 窓の断熱性・ガラス+サッシ

ガラスのU値　表1

単板ガラス	6.0
複層ガラス(A12)	2.9
Low-E複層ガス入り(A12)	1.2
真空ガラス	1.2
Low-E三層ガス入り	0.8

窓のU値　表2

アルミサッシ+単板ガラス	6.51
アルミサッシ+複層(A6)	4.65
アルミ樹脂複合+複層(A12)	3.49
樹脂サッシ(木)+Low-E複層(A12)	2.33
樹脂サッシ+Low-E三層(A9×2)ガス入り	1.90

二重窓のU値　表3

{アルミサッシ+単板ガラス}+{金属熱遮断+単板ガラス}	3.49
{アルミサッシ+単板ガラス}+{樹脂サッシ(木)+単板ガラス}	2.91
{アルミサッシ+単板ガラス}+{樹脂サッシ(木)+複層(A12)}	2.33
{アルミサッシ+単板ガラス}+{樹脂サッシ(木)+Low-E複層(A12)}	1.90

※(A○○)は空気層の大きさ(mm)

窓全体のU値を任意のサイズで計算
WindEye　窓の断熱性能プログラム
ALIA一般社団法人リビングアメニティ協会
http://www.alianet.org/windeye/

※表1：HEAT20 設計ガイドライン作成WG編「HEAT20 設計ガイドブック（第3刷）」建築技術
※表2,3：省エネルギー基準

9章：基礎知識・用語

　窓と一言でいっても，断熱性を問う場合には一括りでは語れません。ガラスとサッシ（フレーム）の断熱性が，それぞれ違っているからです。
　ガラスとアルミサッシとどっちが冷たいか？と質問すると，「ガラス」という答えの方が多く返ってきます。ガラスは硬くて冷たいというイメージがありますが，アルミの方がずっと熱を通すので，正解はサッシの方が冷たいのです。
　でも今では，サッシも樹脂のように断熱性の高いものもあります。ガラスも単層から複層〜三層に，空気層から熱線選択膜をもって断熱性を高めた Low-E ガラスに，さらには熱を伝えにくいガスを封入したものなど，断熱性はどんどん向上しています。

● 海外では，ガラスとサッシを別々に断熱評価します。
● 日本では，両者を組み合わせた状態で評価します。表2は，窓の断熱性（U値・熱貫流率 W/m^2K）を示しています。
● この方が熱計算をするうえで面倒はないのですが，サッシの方がガラスより断熱性が低いので，窓は大きいほど断熱性が高まり，小さくなれば下がります。したがって，ある大きさでテストした結果で示される U 値は，実際には窓の大きさによって違ったものになります。
● そこで窓の大きさごとに U 値が知りたくなります。その計算をしてくれる無料のプログラムが Web 上に載っています。（一社）リビングアメニティ協会が開発した WindEye で，このプログラムを用いれば実際の大きさの窓の U 値および η 値（日射取得率）を知ることができます。
● 表3は窓を断熱改修するケースなど，二重窓の断熱性を示したものです。既存のアルミサッシ＋単板ガラスだと U 値は 6.51 に対して，同じアルミサッシ＋単板を室内側に加えると 3.49 まで改善し，さらに樹脂または木製サッシ＋Low-E（A12＝空気層 12 mm 以上）にすれば 1.90 にまで改善することができます。

9-5 窓の断熱性・附属部品

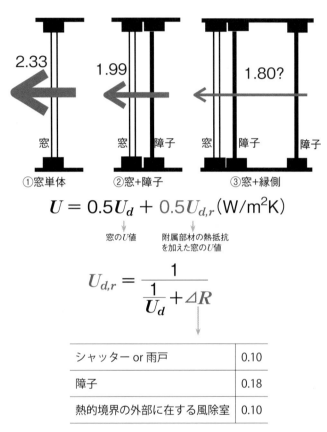

$$U = 0.5U_d + 0.5U_{d,r} (\text{W/m}^2\text{K})$$

窓のU値 / 附属部材の熱抵抗を加えた窓のU値

$$U_{d,r} = \cfrac{1}{\cfrac{1}{U_d} + \mathit{\Delta}R}$$

シャッター or 雨戸	0.10
障子	0.18
熱的境界の外部に在する風除室	0.10

附属部品を加えたU値の計算式　式1

建具の仕様	ガラスの仕様	附属部材なし	シャッター雨戸, 風除室	障子
（一重）木製またはプラスチック製	Low-E 複層（A10以上）	2.33	2.11	1.99
	複層（A10以上）	2.91	2.59	2.41
（一重）金属製	複層（A4以上10未満）	4.65	3.92	3.60

式1で算出した附属部品を加えたU値　表1

9章：基礎知識・用語

　196頁で窓の断熱性は窓単体でレベルアップするだけでなく，附属部品を加えて検討することを提言しました。
　附属部品とは，室内ではカーテンや障子が，外ではシャッターや雨戸，風除室などがあります。
　附属備品を加えれば，断熱性がアップすることは当然です。ではどれくらいアップするかを計算するには，考え方を決めなければいけません。
●カーテンや障子はいつも閉まっているわけではないので，1日のどれだけの時間，断熱に寄与するのかを検討しなければなりません。省エネ基準1999では，附属備品が1日の6割閉められている計算をしました。省エネ基準2013では，1日の半分閉められている計算に変わりました。計算式は式1のとおりで，窓単体と附属部品が加わった場合がそれぞれ0.5。つまり1日の半分，附属部品は断熱に寄与していることになります。
●①の窓単体のU値が2.33 W/m^{2}Kの場合，障子（②）を加えると1.99になって，15％断熱性が高まります。また縁側（③）がある場合は1.8になって？がついています。縁側がある場合の計算方法は，まだ決められていません。$\varDelta R$の数字は障子が2か所なので0.18＋0.18になるはずですが，障子が閉まっている時間がまだ決まっていません。同じ1日の半分閉まっていたとすれば1.8になって，窓単体に比べて22％断熱性が高まります。
●附属部品は色々ありますが，省エネ基準2013では建築的に設置するものだけを対象にしています。室内では障子，外部ではシャッター，雨戸，風除室だけが対象になります。
●とはいえ基準から外れて外皮計算をする場合は，カーテンやハニカムスクリーンも加えればよいと思います。因みにカーテンの$\varDelta R$は，上下端がともに密閉される場合は0.10，上下端どちらかが密閉の場合は0.08になります。

9-6 μ値とη_A値

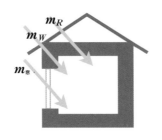

総日射熱取得量
$$m = m_R + m_W + m_窓$$

日射取得係数
$$μ値 = m ÷ 床面積$$

外皮平均日射熱取得率
$$η_A値 = m ÷ 外皮面積 × 100$$

$η_{AH}$　暖房期平均日射熱取得率
$η_{AC}$　冷房期平均日射熱取得率

省エネ基準 2013	気候地域区分	1	2	3	4	5	6	7	8
	冷房期平均日射熱取得率 $η_A$値	−	−	−	−	3	2.8	2.7	3.2
省エネ基準 1999	気候地域区分	I		II	III	IV		V	VI
	夏期日射取得係数μ値	0.08				0.07			0.06

省エネ基準の更新による日射取得率の変化　表1

9章：基礎知識・用語

　従来の省エネ基準は日射取得係数（μ 値）で評価してきたのですが，省エネ基準 2013 から外皮平均日射熱取得率（η_A 値）で評価することになりました。これらの関係は表1に示すとおりです。η_A 値では，1〜4地域は対象外になっています。

●日射侵入は開口部のガラス部分（$m_窓$）からの他に，屋根（m_R），壁（m_W）からも侵入します。全体としてはガラス部分からの侵入が圧倒的ですが，屋根，壁では断熱性が働くので，暑さ防止で断熱を忘れてはいけません。

●μ 値は，総日射熱取得量（m 値）を床面積で割ったものです。

●また，η_A 値は m 値を外皮面積で割って 100 を掛けたものです。つまり，土地に降り注ぐ日射熱に対する侵入率となります。

●外皮計算では，暖房期の平均日射熱取得率も計算します。基準としては評価しませんが，一次エネルギー基準の計算の中で冬の暖房負荷を低減させることに働きます。

●そこで，夏は日射遮蔽・冬は日射取得のバランスづくりがパッシブ設計の腕の見せどころになります。断熱と日射取得のバランスを計算してみたのが 206 頁にあります。

●省エネ基準では夏に障子をつけると，冬もつけたままで計算されてしまうので注意が必要ですが，基準を離れたら夏と冬で別々に計算すればよいでしょう。

樹脂or木製サッシ	U 値		η 値		
	附属部材なし	障子	ガラスのみ	障子	外付けブラインド
単板ガラス	6.51	4.76	0.88	0.38	0.19
複層ガラス（A12）	2.91	2.41	0.79	0.38	0.17
Low-E複層（A12）日射取得型	2.33	1.99	0.64	0.38	0.15
Low-E三層（A9×2）日射取得型	1.90	1.66	0.59	0.37	0.14

U 値と η 値のバランス　表2

9-7 地域区分と代表都市

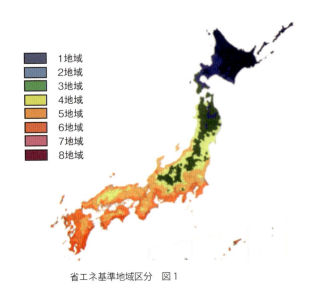

省エネ基準地域区分　図1

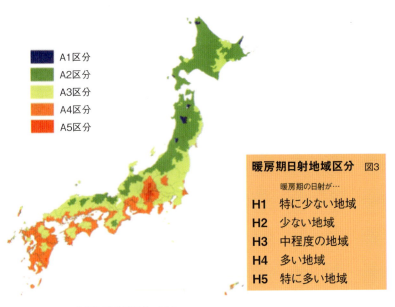

年間日射地域区分　図2

暖房期日射地域区分　図3

暖房期の日射が…
- H1　特に少ない地域
- H2　少ない地域
- H3　中程度の地域
- H4　多い地域
- H5　特に多い地域

9章：基礎知識・用語

　省エネ基準 2013 では暖房度日（D18-18）により，8 地域に分けています。

　省エネ基準 1999 では，Ⅰ〜Ⅵの 6 地域でした。ここから北海道（旧Ⅰ地域）と関東（旧Ⅳ地域）がそれぞれ二つに区分されたので，8 地域区分になりました。

●省エネ基準 2013 では太陽光発電，太陽熱利用給湯などの評価で，年間日射地域区分（A1〜5）を設けています。

●また，暖房負荷で日射取得を含んだ計算になったので，暖房期の日射地域区分がつくられました（図3）。H1〜5 の五つに区分され，東京都は H3，新潟市は H1，札幌市は H2 です。

●地域区分は幅が大きいため，同じ地域でも暖房負荷，朝の温度で違った数値になることを 7 章で述べました。

●また，省エネ基準では代表都市を選択して（表1），地域区分内の暖房負荷計算をしています。

　したがって，東京（6 地域，H3）は岡山の H4 で，新潟市（5 地域，H1）は宇都宮の H4 で計算されます。暖房負荷で有利になりますが，実際の計算とはかけ離れてしまいます。

地域区分	代表地点	年間日射地域区分	暖房期日射地域区分	暖房期水平面全天日射量(MJ)	*HDD* 暖房ディグリーデー
1	北見	A3	H3	2,663	4,500
2	岩見沢	A2	H3	2,640	3,500
3	盛岡	A4	H3	2,557	3,000
4	長野	A4	H3	2,945	2,500
5	宇都宮	A3	H4	2,575	2,000
6	岡山	A3	H4	1,843	1,500
7	宮崎	A3	H3	1,378	500
8	那覇	A4	−	0	0

地域代表地点の A 地域区分，H 地域区分　表1

9-8 隣棟補正と地域補正

各方位の窓の
①日射熱取得率(η)× 隣棟遮蔽係数

外皮計算の中で、各方位の窓の日射熱取得率(η)を入力する際に、隣棟遮蔽係数を乗じた数値を入力して、暖房期日射取得率(η_{AH})を算出します。

郊外	96%
密集していない都市部	88%
密集している都市部	59%

②暖房期日射取得率(η_{AH})× 低減率

日射熱取得率のη_{AH}に低減率を乗じた数値を、一次エネルギープログラムの「外皮」の頁でのη_{AH}の欄に入力します。

地域	日射量比
H1	0.8
H2	0.9
H3	1.0
H4	1.1
H5	1.2

＜H区分による低減率の計算＞
低減率は対象都市の日射量比÷代表都市の日射量比で、たとえば対象都市がH2で代表都市がH4の場合、低減率は……
0.9÷1.1=82%

9章：基礎知識・用語

　省エネ基準 2013（2015）の一次エネルギー判定プログラムでは，冬のパッシブ効果を算出する m_H 値において……，
●市町村が代表都市に限定されていること，
●隣棟の日射遮蔽の影響が配慮されていないこと，
　これら二つの項目が，実際とは異なった計算をさせています。もちろん基準なので，計算を簡易に……という主旨は理解できますが，残念なことです。
でも，これら二つを満足させる計算方法があります。
①外皮計算で隣棟補正をした上で η_{AH} を算出し，
②一次エネルギー計算プログラムの η_{AH} の欄に，代表地域を設計地に補正するための低減率を乗じた数値を入力することで，隣棟の影響と地域に則した暖房負荷の計算が可能になります。

※参考資料①「自立循環型住宅への設計ガイドライン・温暖地版」，②「平成 25 年　省エネ基準に準拠した算定・判断の方法及び解説Ⅱ住宅」，①，②ともに（一財）建築環境・省エネルギー機構発行

●計算方法は以下のとおりです。
・建設地が郊外・密集していない都市部，密集している都市部のどれかを確認する。
　（例：一般の住宅地なので密集していない都市部を選択）
・対象市町村の地域区分と冬の暖房時日射区分を知る。
　（例：東京，6 地域，H3）
・対象地域区分の代表都市と H 区分を知る（226 頁）。
　（例：6 地域は岡山で H4 など）
①外皮計算において，各方位の窓の日射熱取得率（η）に隣棟遮蔽係数（例：0.88）を乗じた値を入力します。
②算出された m_H 値に，低減率（例：1.0÷1.1）を乗じて，一次エネルギー判定プログラムの m_H 値に入力します。
これで，隣棟の影響と建設地での暖房負荷が算出されます。

9-9 相当隙間面積（C値）

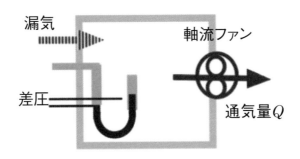

気密測定の方法　図1

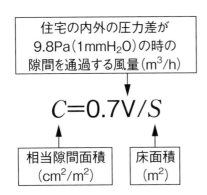

相当隙間面積の計算式　図2

気密測定の様子　写1

9章：基礎知識・用語

建物の気密性能は，日本では相当隙間面積で表します。いわゆる C 値です。単位は cm^2/m^2 で，建物の床面積 $1 m^2$ 当たり，どれだけの大きさの隙間があるかを示します。もちろん，数値が小さいほど気密性は高くなります。

面倒なのは，気密測定しないと隙間の大きさはわからないことです。それも家の中外で $1 mmH_2O$（mmAq）の圧力ができたときに，どれほどの隙間があるかを示すことになっています。$1 mmH_2O$ の圧力は，家に風速 $4.5 m/s$ 程度の風圧が掛かっている状態です。

mmH_2O の mm はミリメートルのことで，H_2O も Aq も，水のことです。図1のように，水の入ったU字型のガラス管が家の内と外にまたがっていたとします。水の高さは内外とも同じですが，気密測定で家の中の空気を外に排出すると，家の中の圧力は下がりますから，ガラス管の水は内側の方が外側よりももち上がります。1 mm の差ができたときの圧力差（差圧といいます）を $1 mmH_2O$（mmAq）といいます。

また，圧力差はパスカル（Pa）という単位で示すことが世界共通になっており，$1 mmH_2O$ は $9.8 Pa$ になります。

気密測定

気密測定器はファンと計算器で構成され，ファンで排気して室内を負圧（減圧）にし，そのときの排気量と圧力差から相当隙間面積を割り出します。もちろん計算は気密測定器のコンピュータが行い，瞬時に結果が出てきます。

建物の気密性が高ければ，ファンをグングン回して排気しても，隙間からほんの少しの空気しか入ってこないので，室内の圧力がどんどん下がっていきます。その状況は，測定器の圧力計と風量計をみていればわかります。グングン圧力が下がっていくのに，通気量が少ししか上がらない状況から，結果をみなくても「よしっ」と声をあげたくなります。

9-10 日本は10 Pa, 海外は50 Pa

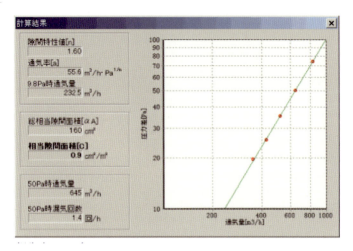

気密測定の結果シート（提供：コーナー札幌株式会社）　写真1

木造在来工法＝平均 5.5 cm²/m²
合板張り木造在来工法＝平均 2.7 cm²/m²
2×4 工法＝平均 2.1 cm²/m²

居住後1年ほど経過した約100棟の木造住宅の気密性調査結果　図1
（出展：国土交通省国土技術政策総合研究所調査 2001年）

●日本では10 Pa（正確には9.8 Pa）のときの隙間量で気密性を示しますが，海外の基準では50 Paという高い差圧をつくり，そのときの漏気回数（排気量を室内の容積で割ったもの）で示します。ドイツのパッシブハウスでは，50 Pa加圧および減圧時の漏気回数0.6回/h以下が判定基準になります。これを日本の10 Pa当たりの相当隙間面積に換算すると，0.2 cm^2/m^{2}以下といわれています。

●測定時の差圧条件が，日本では10 Paに対し海外では50 Paの理由は，測定時に風が強いと10 Paくらいでは測定値がブレてしまうためです。日本でも50 Paで測定するべきではないかといわれそうですが，実は日本での気密測定でも気密のよい家であれば実際には50 Pa以上の差圧を掛けていってグラフを描き（写真1），10 Paのところで読み取っていますので，風に影響されることはありません。10 Paでの相当隙間面積を求めていれば，換気量の計算などで使いやすいということもあり，日本では10 Pa差圧時での気密性を示すことにしています。

気密性能の実態

なお，一般的な住宅の気密性はどれほどでしょうか。古い木造住宅だと気密測定しても圧力がかからず，測定器を数台置いて測るようなことが行われています。20年前はこうした古い木造住宅は9 cm^2/m^2，2×4工法でも5 cm^2/m^{2}といわれていました。2×4工法は上下の気流止めができているので，5 cm^2/m^{2}が確保できたのです。

●2001年度に国土技術政策総合研究所が，居住後1年ほど経過した約100棟の木造住宅の気密性を調査したところ（図1），木造在来工法では平均5.5 cm^2/m^2，2×4工法は平均2.1 cm^2/m^{2}で，木造在来工法でも合板を張った家は（4戸/60戸だけですが）2.1 cm^2/m^{2}という結果になりました。高気密を意識しない家でも，これだけ気密性が高まっていたのです。

9-11 ヒートポンプ

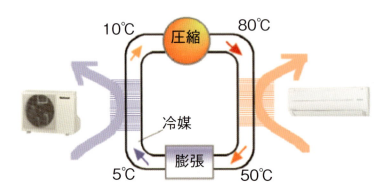

①低温の冷媒はもっと高い温度の外気に触れて（室外機で），気化しながら熱を吸収（汲み上げ）します。
②熱をもらった空気は圧縮機で圧縮されて，さらに高温になります。
③高温になった冷媒は，室内機で部屋の空気と熱交換します。この熱が暖房となります。
④温度を下げた冷媒は膨張機で膨張して，さらに低温になり，室外機に戻ってきます。
　この循環を繰り返しながら暖房しますが，このときに電気は自ら熱をつくるのではなく，冷媒を循環させたり圧縮，膨張させる動力に使われるだけなので，使用電力量は極くわずかで済ますことができます。このため，1の投入で3〜8もの熱をつくるという魔法のようなことをしてみせるのです。
　ヒートポンプは，この流れを逆にすると冷房ができ，放熱する熱交換の相手を水にすれば給湯（エコキュート）になります。

9章：基礎知識・用語

　電気をニクロム線などに流して熱をつくると，100の投入で100の熱を出します。効率100％です。これに対して，100のエネルギーを投入すると300とか600の熱をつくる……。つまり効率300％とか600％……という夢みたいなものがヒートポンプです。エアコンや給湯機・エコキュート，洗濯乾燥機などがヒートポンプを利用しています。

　この夢のような効率を実現する，ヒートポンプの原理は234頁で説明しました。ヒートポンプというからには熱を汲み上げるのですが，汲み上げる対象は空気であったり，地熱だったり，下水の熱だったりします。

＜COP, AFP, JIS＞

　ヒートポンプの効率を示すのが，COPとAFPです。COPは（Coefficient Of Performance）の略で，「エネルギーの消費効率」を表します。投入したエネルギーが100で，300の熱をつくればCOPは3になります。

　AFP（Annual Performance Factor）は「通年エネルギー消費効率」のことで，暖房と冷房を併せた年間の効率を示します。最近では，AFPだけしか表示されないことがあります。また，給湯では日本らしく追い焚きも含めた効率として，JISがつくられています。

＜一次エネルギーでは3ではなく1.1＞

　エコキュートはCOPが3を誇りますが，これは二次エネルギーでの計算で，一次エネルギーでは2.7で割らなければいけません。300÷270＝1.1に下がってしまいましたが，それでも灯油やガス給湯の効率（80〜95％）に比べれば高く，さらに技術開発が期待できます。熱をつくるにはヒートポンプが最有力といわれ，エアコン暖房も急増しています。装置性が高いので自然からかけ離れて見えますが，欧州ではヒートポンプを再生可能エネルギーとして評価しています。

9-12 気密の目的

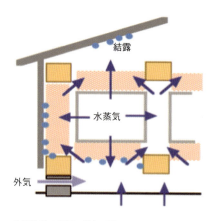

内部結露の様子（冬）　図1

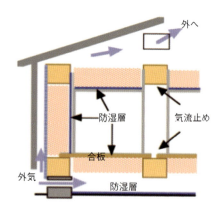

内部結露対策（冬）　図2

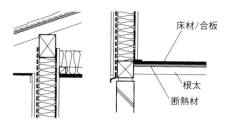

①シート状防湿層とボードによる気流止め（壁）　図3

9章：基礎知識・用語

　「もとめる断熱レベル」と「めざす省エネレベル」をつかめば，本書の目的は終わったことになります。それでも断熱知識の基本を理解しないまま，性能だけを求めてしまえば，効果どころか事故が起こります。そこで，断熱の基礎中の基礎である「断熱と気密」「換気と高気密」「換気のメンテ」について言及します。

断熱と気密
　高気密が必要な理由を問えば，ほとんどの場合「隙間風を防いで快適を求めるため」という答えが返ってきます。もちろん間違いではありませんが，真意とはいえません。
　北海道で断熱化が始まったころ，土台が腐る事故が起きました。さっそく産官学共同で，原因追求の調査研究が行われました。当時，そんな情報をキャッチした道外の私たちは，「だから断熱化は危険だ」「グラスウールはダメだ」と愚かな判断をしてしまいました。
　ところが，道内で出た結論は……，図1のように壁に充填された断熱材に床下から湿気が入り込んだために結露が起こり，腐朽菌が繁殖して土台を腐らせたというものでした。
　そこから，「断熱には気流止めが必要」という論に導かれました。気流止め＝気密化，つまり断熱したら気密にしなければ内部結露の危険を招く。この警鐘をもって，「高断熱・高気密」という言葉がつくられたのです。
　温暖地では相当隙間面積 $5\ cm^2/m^2$ 以下，寒冷地では同 $2.0\ cm^2/m^2$ 以下にすることが指導され，$5\ cm^2/m^2$ 以下では気流止めが，$2\ cm^2/m^2$ 以下では気流止め＋防湿層を張ることが目安となります。　　※相当隙間面積─→230頁
　このように，気密の目的は，「隙間風をなくして快適に」という温熱的で感覚的な存在ではなく，「内部結露防止」としての物理的な絶対条件なのです。

9-13 高気密の意味

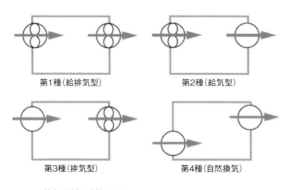

換気手法の種類　図1

常時・出入り口の明確・必要な量

計画換気の原則　図2

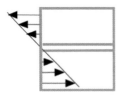

温度差換気　図3

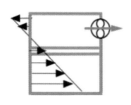

強制換気・気密低い　図4

強制換気・気密高い　図5

9章：基礎知識・用語

「断熱したら気密にする」が理解できたところで，では「高気密にこだわる理由」とは……。ここで換気が出てきます。
●換気手法には第1種〜第4種まであり（図1），一般的に第3種の排気型と第1種（主に熱交換換気）が用いられています。
●計画換気の原則は「常時・出入り口を明確にして・必要な量の換気をする」ことです（図2）。
・居室で新鮮な外気を取込み（入口），ニオイや水蒸気が出る便所，浴室，台所などから排気します（出口）。
・必要な量とはニオイや水蒸気を籠もらせないための量で，0.5回/時が目安になります。
●家の中の温度が外より高くなると，家は風船のように膨らみます。このときに隙間があれば，低温の外気は重いので下から入り，軽い室内空気は上から出ていきます（図3）。
●この状態で強制的に排気すると，2階の寝室から新鮮空気を取り込みたいと思っても，「出る」力が働いていて思うようになりません（図4）。ここで，強引に引っ張るために必要になるのが高い気密性です（図5）。2階の空気が新鮮ではなく結露することがあれば，気密が低いための換気量不足です。
●そこで導き出された気密性は $2\ cm^2/m^2$ 以下で，この数値が高気密の最低として扱われます。達成するには，気流止めでは足りず，防湿層を施工するレベルが必要です。
●また，給気と排気の熱を交換する熱交換換気は，建物の気密性が低ければ装置内で熱交換しても意味がなくなります。そこで，さらに高い気密性（$1\ cm^2/m^2$ 以下）が要求されます。
●以上のように，断熱すれば気密が必要で，気密になれば換気が必要になり，換気を適正に動かすために高気密が必要になる……。なんだか怖い世界に引きずり込まれるような気持ちになりますがそのとおりで，軽い気持で断熱してはいけないのです。

9-14 気密と熱損失

	暖房期間平均温度（℃）	$c=2\text{cm}^2/\text{m}^2$		$c=5\text{cm}^2/\text{m}^2$	
		平均漏気量	暖房負荷増分	平均漏気量	暖房負荷増分
盛岡	4.3	49m³/h	5.6GJ（12%）	108m³/h	12.3GJ（22%）
宇都宮	8.7	33m³/h	2.7GJ（－）	73m³/h	6.0GJ（－）

気密性の違いによる漏気量と暖房負荷増分　表1
（全館連続暖房　熱交換換気（宇都宮は熱交換なし）　都市型の立地　断熱：断熱レベル平成11年基準相当）
（出典：盛岡「自立循環型住宅への設計ガイドライン・準寒冷地版」，宇都宮「自立循環型住宅への設計ガイドライン・温暖地版」（一財）建築環境・省エネルギー機構）

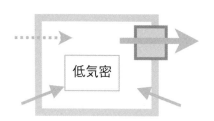

出入り口が明確になる　図1-1

熱交換の効果が高い　図2-1

出入り口が明確ではないが，隙間風による熱損失は少ない　図1-2

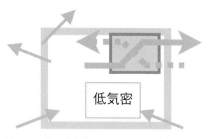

隙間風の分は熱交換できないので，熱交換の意味を失う　図2-2

9章：基礎知識・用語

次に，気密と漏気と熱損失の関係を考えてみましょう。
●どれだけ気密性を高めても，いずれ0.5回/時分の換気をしようと決めているので，どんなに気密にしてもその分の熱損失が起こります。
●この熱損失を回収するのが熱交換ですが，熱交換できるのは換気装置の中でだけなので，気密性が低くて隙間風が出入りすれば熱交換の意味を失います。
●漏気と熱損失の関係を教えてくれるのが，「自立循環型住宅への設計ガイドライン」のデータです（表1）。
●寒冷な盛岡では，C値（相当隙間面積）が $5\,cm^2/m^2$ だと，暖房負荷は12.3GJ（暖房全体の22％）も増えますが，$2\,cm^2/m^2$ にすると5.6GJ（同12％）になります。
・5地域の宇都宮でも $5\,cm^2/m^2$ だと6GJ，$2\,cm^2/m^2$ だと半分以下の2.7GJ。おおよそ $5\,cm^2/m^2$ の中気密から $2\,cm^2/m^2$ の高気密にすることで，熱損失は半分以下になると読めます。
●気密性が0.2とか0.1と……，高気密を威張りたがる業者がいます。確かに技術と意識のバロメーターといえますが，0.2以下でなければ省エネではない，暖かくならないといい出せば，それは違うのでは……といいたくなります。
●確かに，熱交換換気での漏気はもろに熱損失になります（図2-2）。でも排気型では，漏気は給気として働くので，熱損失としての影響は大きくありません（図1-2）。
●また，中気密から高気密にすれば差はできますが，$2\,cm^2/m^2$ を超えたら大きな差はありません。求める気密性の最低は熱交換で $1\,cm^2/m^2$ 以下，排気型で $2\,cm^2/m^2$ 以下ですが，測定は換気装置を目張りするので，その分実際には隙間が大きくなります。これを加えて熱交換は $0.5\,cm^2/m^2$ 以下，排気型は $1.0\,cm^2/m^2$ 以下をめざせばよいでしょう。

9-15 換気のメンテナンス

換気装置の実態（北方型ECO）

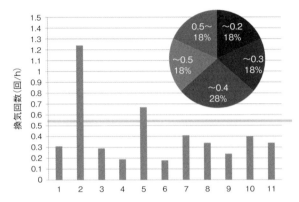

北方型住宅エコで熱交換換気の住宅の換気量実測調査結果[※1]　図1

写右　スイスの高性能住宅の地下室に置かれた熱交換換気装置

写左　スイスの集合住宅のクローゼットの中に置かれた熱交換換気装置

9章：基礎知識・用語

　換気は室内の空気環境を健康な状態に保つのが目的ですが，給・排気口のフィルターや熱交換換気素子が埃や虫によって目詰まりすれば，風量は激減します。また，第1種は給気ダクトの中に汚れが付着すれば，居室に汚れた空気を送り込んでしまいます。
●北海道で高性能住宅として認められる北方型住宅エコの住宅で，熱交換換気を搭載した家の換気量を計測してみると，その多くは0.2〜0.3回/hでした[1]（図1）。
●東北地方のシックハウスが疑われる住宅を中心に，戸建住宅47戸を対象に調査したところ，換気回数が0.5回/hを満たしている住宅は23％に過ぎませんでした[2]。
・また，高気密住宅18戸で換気システムの風量チェックを行ったところ，換気回数が0.5回/hを満たしている住宅は2戸（11％）のみだったと報告されています。
　以上のように，換気装置はフィルターの小まめな清掃が必要で，それを怠れば想定した換気量を見込むことができません。
●欧州で見かける換気装置は地下室に置かれて，装置も大きく，フィルターの取り出しも楽ですが（写真右），日本では地下室など機械室となりえるスペースがないので，コンパクトな装置を天井裏に隠すことが常識になっています。これではメンテナンスにリスクがあります。
　写真左はスイスの集合住宅で，なんと換気装置が部屋のクローゼットの中に置いてあって驚かされました。
●昨今は，自然換気と機械換気を組み合わせたハイブリッド換気が注目されています。自然換気は温度差換気を利用するので不安定に見えますが，メンテに確信のない機械換気よりよほど安全という声も上がっています。断熱に気密が絶対条件のように，換気にはメンテが絶対条件です。

[1]　福島明北海道科学大学教授の報告より
[2]　吉野博東北大学名誉教授の報告より

めまぐるしく出ては消えていく省エネ施策を、ロングスパンで読まれる本の中で紹介するのははばかれます。それでも本書は、迷える省エネの今を捉えながら、日本の断熱レベルを見つけるものである以上、関連する施策、研究・ソフトについて言及しています。そこで、直ぐには消えない施策に絞って本章で紹介しています。

10 省エネ施策と研究・評価ソフト

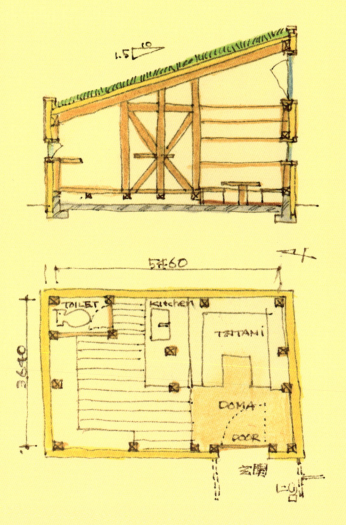

絵は南雄三事務所のトイレで世界中の絵ハガキがベタベタ（左頁）と事務所の平面と矩計（右頁）

10-1 | BELS (Building-Housing Energy-efficiency Labeling System)

BELSの詳細　図1

BEI (Building Energy Index) ＝
設計一次エネルギー消費量 ÷ 基準一次エネルギー消費量
※家電分除く。再生可能エネルギーは自家消費分のみ

BEIの計算式　図2

10章:省エネ施策と評価ソフト

　建築物省エネ法(34頁)の「誘導基準」にある「省エネ性能表示制度」は,販売・賃貸事業者の表示の努力義務(建築物省エネ法7条)と,所有者の基準適合認定・表示(建築物省エネ法36条)の2種類からなります。

●法7条は「建築物の販売・賃貸を行う事業者は,その販売または賃貸を行う建築物について,省エネ性能を表示するよう努めなければならない」と規定しており,努力義務に対応した住宅・建築物を格付けする第三者認証制度としてBELSがつくられました(図1)。住宅版は2016年4月からスタートし,(一社)住宅性能評価・表示協会が制度運営しています。

●BELSは新築と既存建物を対象に,一次エネルギー消費量をもとにBEI(図2)を算定・評価し,5段階の星マークで表示します。

●法36条では,建物が省エネ基準に適合しているか否かをわかりやすく伝えることが目的で,「eマーク」(図3)が対応します。eマークの表示内容は省エネ基準に適合のみで,基準以上の省エネ性能を示したい場合はBELSを利用します。

eマーク　図3

建築物省エネ法36条による行政庁認定。既存建築物が基準適合していることを所管行政庁が認定する。省エネ改修を行い,基準適合した場合も表示できる。通称は「eマーク」(資料:国土交通省)

10-2 住宅性能表示

```
性能表示　5温熱環境・エネルギー消費量に関すること
```

5-1 断熱等性能等級

| 等級4　[H25 基準相当] |
| 等級3　[H4 基準相当] |
| 等級2　[S25 基準相当] |
| その他(等級1) |

5-2 一次エネルギー消費量等級　　BEI評価

等級5　[低炭素基準相当]	★★★
等級4　[H25 基準相当]	★★
その他(等級1)	

等級4のみ数値の併記可(W/m²K)　　　等級5のみ数値の併記可(MJ/年m²)

　2013年に省エネルギー基準が改正になったことと，低炭素建築物認定基準の制定に伴い，日本住宅性能表示基準の省エネに関する部分が改正になっています。
①一次エネルギー消費量を評価する基準を導入した
②外皮性能の計算方法が変更になったことに対応した
　したがって，「断熱等性能等級」と「一次エネルギー消費量等級」の2本立てになりました。
　一次エネルギー消費量については省エネルギー基準2013を等級4とし，低炭素建築物認定基準相当を最上位等級の等級5に設定しました。
　また，BELSのBEI評価でいえば等級4が★2つ，等級5が★3つになります。

10-3 住宅事業建築主基準

10章：省エネ施策

　住宅事業建築主基準は年間150棟規模以上の建売戸建事業主に限定して課せられたもので，住宅版トップランナー制をとり，2009年度から2013年度の5か年で実施されました。

●1年間に建設した全戸の平均性能で基準達成率（省エネ達成率）が評価され，省エネラベルが与えられます。登録建築物調査機関の評価を得たラベルによって，フラット35S金利Aプランなどの優遇金利が適用されました。

●基準値は暖冷房，換気，給湯・照明，太陽熱温水器，太陽光発電まで含めた一次エネルギーで評価します（家電は含めない）。

●目標水準は，省エネ基準1999の外皮＋一般的な設備機器を用いた家の10％省エネが求められました。

●2013年度に終了しましたが，基準達成状況はおおむね9割以上（64社中60社，2013年度）でしたが，その中で外皮基準に適合している割合は約58％でした。

　住宅事業建築主基準は新たに，2020年度を次期目標年度として2015年末から5年間のトップランナー制がスタートしました。

　その内容は以下のとおりです。

建築物省エネルギー法・住宅事業建築主基準
①目標年度：2015年度から2019年度の5か年
②評価方法：省エネ基準2015に基づく一次エネルギー消費量
③一次エネルギー：一次エネルギー消費量基準から15％削減
④外皮：省エネ基準2015に基づく外皮基準

10-4 | 認定低炭素住宅

市街化区域内に新築

定量的評価項目を満たす
省エネ基準で計算……
● 一次エネルギー △10%
● 外皮基準を満たす

選択的項目を満たす
8項目の中から二つ以上を
実施していること

三つの認定条件　図1

定量的評価項目（必須項目）

○省エネ法の省エネ基準に比べ、一次エネルギー消費量（家電等のエネルギー消費量を除く）が△10%以上となること。（※）

省エネ法の省エネ基準　　低炭素基準　　10%

〈戸建住宅イメージ〉
天井断熱 180mm
常時換気システム
外壁断熱 100mm
暖冷房はエアコン
太陽光発電パネル
南窓の軒庇
東西窓の日除け
窓は複層ガラス（可能なら断熱サッシ）
連続する防湿気密層
床断熱 100mm
高効率給湯器 等

※省エネルギー法に基づく省エネルギー基準と同等以上の断熱性能を確保することを要件とする

＋

選択的項目

省エネルギー性に関する基準では考慮されない、以下に掲げる低炭素化に資する措置等のうち、一定以上を講じていること。

○**HEMSの導入**
エネルギー使用量の「見える化」などにより居住者の低炭素化に資する行動を促進する取組を行っている。

○**節水対策**
節水型機器の採用や雨水の利用など節水に資する取組を行っている。

○**木材の利用**
木材などの低炭素化に資する材料を利用している

○**ヒートアイランド対策**
敷地や屋上、壁面の緑化などヒートアイランド抑制に資する取組を行っている

定量的評価項目と選択的項目　図2

10章：省エネ施策

　都市の低炭素化の促進に関する法律（2012年12月施行）の中で，低炭素住宅の認定基準がつくられました。認定されると，税制優遇や延床面積の容積不参入の処置が受けられるなどのインセンティブがあります。

認定条件
　認定条件は，①市街化区域内に新築されること，②定量的評価項目を満たすこと，③選択的項目を満たすことの三つ。②の定量的評価項目を満たすでは……，省エネ基準2013の外皮基準を満たすこと，および一次エネルギーでは基準値より10％以上の削減が条件となります（家電は同じ数値）。③の選択的項目では……，八つの項目の中から二つ以上を実施することが条件で，項目には「木造住宅もしくは木造建築物」もあって，木造住宅だけで一つの項目となります。

　また，「所管行政庁が標準的な建築物と比べ低炭素化に資する建築物であると認めるもの（CASBEE等）」という特別処置もあります。

認定低炭素住宅の優遇措置
　認定低炭素住宅の優遇措置は，減税と延床面積の不算入です。減税は現時点では新築の戸建住宅と共同住宅の住戸だけが対象ですが，延床面積の容積不算入はすべての建築物が対象になります。

　減税では住宅ローンを利用した建築主に，所得税と個人住人税が軽減される「住宅ローン減税」と，所有権の保存登記，移転登記時にかかる「登録免許税の軽減」の2本立てです。

　延床面積の容積不算入は，再生可能エネルギー利用設備と連携した蓄電池などを室内に置く場合にだけ利用できます。これらの設備の設置面積の合計が，延床面積の1/20までは延床面積に算入されません。

10-5 パッシブハウス基準

ドイツ・パッシブハウス
基準値
- 年間暖房負荷：15KWh/m²以下
- 年間冷房負荷：15KWh/m²以下

内部発熱，換気熱回収，日射取得含む
条件：冬/最低 20℃，夏/最高 25℃，最高絶対湿度/12 g/kg
- 一次エネルギー消費量：120KWh/m²以下

暖房，冷房，除湿，換気，給湯，家電，照明，調理含む
- 気密性能：50 パスカル（加圧と減圧）時の漏気回数 0.6 回/h 以下

パッシブハウス基準　図1

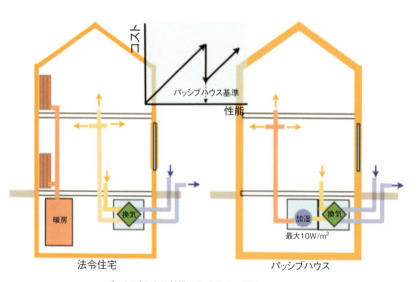

パッシブハウス基準のシナリオ　図2

10章：省エネ施策

　世界基準と称されるドイツのパッシブハウス基準は，法令基準ではなく民間の基準です。だからこそ法令基準の50％アップものレベルを求めることができ，しかもそこに金融機関などからのインセンティブもついてきます。
　パッシブハウス基準は，独・ダルムシュタッドに本部を置くパッシブハウス研究所により1991年に確立されました。
●厚400 mm断熱のイメージが先行しますが，コストも含めた最適解を求めた基準であることを知らなければいけません。
●図2の左が，欧州の家では一般的な「パネルヒーター＋熱交換換気」の形です。右のパッシブハウスでは，その高価なパネルヒーターが姿を消し，代わりに熱交換換気の給気をちょっとだけ加温（10Wh/m^{2}以下）して送風しています。
●つまり，設備に関わるコストを躯体の断熱強化に回して，壁面温度を高め，快適性を高めながら省エネを図っています。
●パッシブハウス基準はこうして，パネルヒーターを不要にするまで断熱を高めることがシナリオで，
●年間暖房負荷および冷房負荷ともに，15kWh/m^{2}以下を外皮基準としています。負荷で捉えているところはさすがですが，計算には日射取得も反映します。負荷なので，薪やペレットのような一次エネルギー換算係数の小さな熱源が有利に働くことはありません。
●また，パッシブハウス基準には一次エネルギー消費量を120kWh/m^{2}以下という省エネ基準もあって2本立てです。……パネルヒーターをなくして，コストダウンがパッシブハウス基準のシナリオですが，何件か視察してみると家の中には床暖房もあり薪ストーブもありで，熱交換換気にほんのちょっとの加温……という姿ではありませんでした。やっぱり火が恋しいのか，床の暖かさがほしいのか，それとも一次エネ換算係数で有利な薪を使いたいためか……？

10-6 CASBEE 戸建

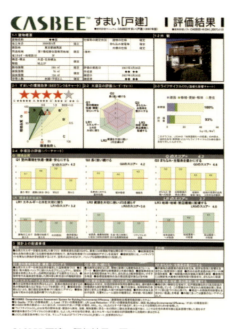

CASBEE 戸建・評価結果　図1

BEEランク&チャート　図2

温暖化影響チャート LCCO2　図3

10章：省エネ施策

建築の環境効率を評価するCASBEE（開発：（一社）日本サステナブル建築協会）には，大型建築の新築や既存，改修などのCASBEEファミリーがあります。戸建住宅版のCASBEE戸建は，2007年にスタートしました（図1）。

続いて，2011年に「CASBEE戸建‐既存」および「健康チェックリスト」が，2015年には「すまい改修チェックリスト」が，そして2016年には「レジリエンス住宅チェックリスト」が開発されました。

環境効率BEE

CASBEEの特徴は建築のエコロジー性能を環境効率BEEで評価することで，建築内の環境性能（Q）と建築外に与える負荷（L）のバランス（BEE＝$Q÷L$）で判定します（図4）。評価ランクはS〜Cまでの5段階（図3）で，★の数でも示されます。

$LCCO_2$も自動計算

CASBEEでは，$LCCO_2$も評価します。$LCCO_2$の計算は複雑で面倒ですが，容易さを求めるCASBEEでは計算することなく，一般住宅に比べた$LCCO_2$の増減を温暖化影響チャートとして表示します（図3）。ここでも星の数で示されます。LCCM住宅認定は，この「CASBEE戸建」の$LCCO_2$評価で判定します。

$$BEE = \frac{Qは敷地内での生活の質}{Lは敷地外への環境負荷}$$

CASBEEはBEEで評価する　図4

10-7 CASBEE 健康チェックリスト

図1

部屋・場所	番号	質問	選択肢
①居間・リビング	1	夏、部屋を閉め切って、エアコンや扇風機をつけずに過ごすことはありますか？	めったにない
	2	夏、冷房が効かずに暑いと感じることはありますか？	めったにない
	3	冬、暖房が効かずに寒いと感じることはありますか？	めったにない
	4	窓・ドアを閉めても、室内や外の音・振動が気になることはありますか？	たまにある
	5	夜、照明が足りずに暗いと感じることはありますか？	めったにない
	6	においがこもることはありますか？	ない
	7	床ですべることはありますか？	めったにない
	8	夏、暑くて眠れないことはありますか？	めったにない

質問項目。50問あり，介護関連を除いた44項目で評価　図2

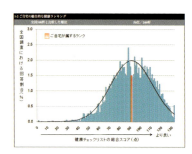

総合評価　グラフ1

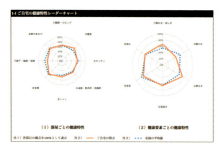

部屋・場所別と健康要素の採点結果　グラフ2

10章：省エネ施策

　住まいの環境が健康に大きな影響を与えることから，健康に悪影響が及ばない居住環境を実現するために開発（（一社）日本サステナブル建築協会）されたのが「CASBEE 健康チェックリスト」です。
　居住者が，健康に関わる住宅の問題点に気づくための自己診断ツールとしてつくられています。
●チェックは居室ごとに，例えば，寝室で「夏，冷房が効かずに暑いと感じることがありますか？」という問いに対して，「よくある（0点）」「たまにある（1点）」「めったにない（2点）」「ない（3点）」という答えと，スコアが用意されています（図2）。質問は全部で50問あり，介護対応に関わる6項目を除いた44項目の総合スコアで算出します。
●総合スコアで，現状の住まいが全国の戸建住宅に対してどの辺にランクされるのかを知ることができます（6,000軒のWebアンケート調査結果から判定）。（グラフ1）
●また，部屋・場所別と健康要素別の採点結果もWebアンケートの結果に照合して比較することができます（グラフ2）。
●チェックリストはWebサイトに置いてあるので，誰でも利用できます。

http://www.ibec.or.jp/CASBEE/casbee_health/index_health.htm

●また，同じWeb頁上に「コミュニティの健康チェックリスト」があります。生活者の健康は，すまいの環境改善だけでは不十分です。すまい周辺の環境にも目を配り，「安全や安心を阻害する要因の除去」と「使いやすい施設・サービスの充実」によって，健康維持増進を図ることが求められます。
●「コミュニティの健康チェックリスト」は，周辺環境の健康度をチェックするものとして「すまいの健康チェックリスト」と併せてチェックしてみましょう。

10-8 すまいの改修チェックリスト

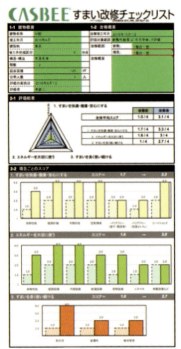

評価結果　図1

http://www.ibec.or.jp/CASBEE/cas_home/kaisyu_checklist/index.htm

(1) 適切な断熱性能が確保されているか　　　　　　　　　　　　評価対象範囲は「住宅全体」です。

改修前	改修後	基準	補足説明
-	-		
レベル1	レベル1	レベル2を満たさない。	「断熱されている」の場合の断熱性能は問わない。「断熱されている」の場合、気流止めが適切に施工されていることが前提となる。「開口部が断熱されている」とは、複層ガラスあるいは二重以上の窓とする。サッシの種類は問わない。評価対象範囲を「主要な生活空間」とした場合でも、レベル4は住宅全体で評価する。
レベル2	レベル2	評価対象範囲において、①または②を満たしている。①外気に接する壁・床・天井(または屋根)が断熱されている。②開口部(小窓を除く)が断熱されている。	
レベル3	レベル3	評価対象範囲において、レベル2の①と②を満たしている。	
レベル4	レベル4	住宅全体において、日本住宅性能表示基準「5-1断熱等性能等級」の等級4相当と確認できる。	

(2) 適切な暖房計画がなされているか

改修前	改修後	基準	補足説明

質問項目　図2

258

10章:省エネ施策

「CASBEEすまい改修チェックリスト」は改修前後のすまいの環境性能を評価するもので,2015年に発表されました。

特徴は改修前後の評価が並列して評価されるため,建主にとっては前後の改善度が一目瞭然でとてもわかりやすく,また業者にとっては改修前後の性能を解説するのに,とても便利なツールとして高評価を受けています。

●これまで「CASBEE戸建」で前と後の2度の評価をしなければならなかったのが,本ツールでは同時に評価できます(図2)。
●軽微な工事も含まれる改修が対象のため,簡易さを重視して,評価項目を17に絞り込んでいます。
●評価対象範囲は全体改修だけでなく,部分改修での評価も可能になります。
●スマートウェルネス住宅等推進事業にも連動しており,改修前後の居住者の健康改善度をチェックするのに,すまいの環境の変化も併せた評価が可能になります。

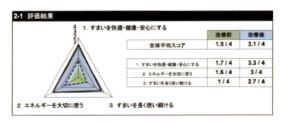

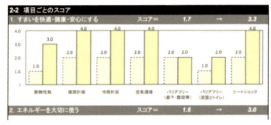

項目ごとの改修前後の評価結果　図4

10-9 スマートウェルネス住宅

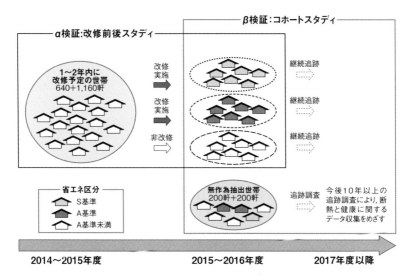

2016年から3か年，2,000件・4,000人の調査をめざす　図1

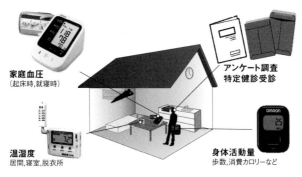

自宅の温室度や居住者の血圧身体活動量を14日間測定する　図2

10章：省エネ施策

　高齢者，障害者，子育て世帯などの多様な世帯が，安心して健康に暮らすことができる住環境（スマートウェルネス住宅：SWH）を実現するため，「サービス付き高齢者向け住宅の整備」「高齢者生活支援施設や子育て支援施設等の福祉施設の整備」および「先導的な取組を推進する」ことをフォローするのがスマートウェルネス住宅等推進事業（国土交通省）です。
●同事業の「先導的モデル事業」の一つとして実施されているのが，改修前後の健康調査で，スマートウェルネス住宅等推進調査委員会が全国の学識者・モデル事業者等と連携・協力して行うものです。
●調査対象となる住宅は，住生活空間における省エネルギー改修工事を実施したもので，一定基準以上の省エネルギー性能を有するとして，改修費の一部※が補助金によって支援されています。
●スマートウェルネス調査は改修補助を受ける住宅の，改修前後の住環境・健康データの収集を行います（図1）。
●改修前後で実施する健康調査は，自宅の温湿度や居住者の血圧，身体活動量を測定するほか，居住者や改修事業者に対するアンケートを行います（図2）。
●平成26年度からスタートしており，3か年，全国47の住宅改修事業者の協力の下で，2,000件の改修を行い，4,000人の健康調査を実施する計画です。
●また，今後10年以上のスパンで調査し関連するデータの収集をめざしています。

※補助額：一定の断熱改修に100万円/戸，バリアフリー改修を伴う場合は120万円/戸，補助率1/2。

11 資料

本書は、南雄三宅での生活体験による温度変化と、快適感をベースに求める断熱レベルを考えてきました。そこで拙宅の設計詳細と断熱性能、一次エネルギー性能、そしてエネルギー消費量を紹介します。また、省エネ基準のエネルギー消費量計算、そしてHEAT20の室温計算と省エネ計算をしたモデル住宅も紹介します。

絵はどこで買ったのか忘れたドミノと、これまたどこで買ったのか忘れた木のキューブパズル

11-1 省エネ計算モデル

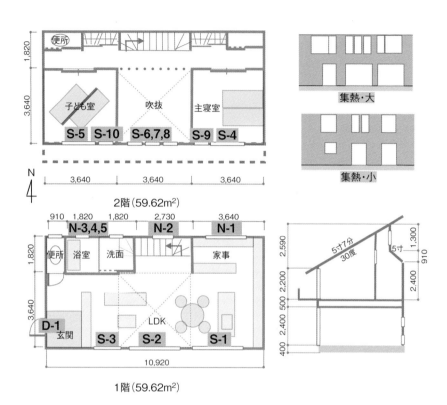

主たる居室 59.62 m² ＋ その他の居室 26.5 m² ＋ 非居室 33.12 m² ＝ 119.24 m²
（ただし4人家族を想定するため，総面積は120 m²に繰り上げて入力した）
屋根：68.25 m²，壁：北 55.69 m²，西・東 34.33 m²，南 72.07 m²

11章：資料

本書の外皮計算のモデルとして使用した仕様です。

高断熱を反映して，思い切り開放的な間取りになっています。また，パッシブデザインを単純にするために大きな吹抜を設けていますが，冷気対策などは考慮していません。

筆者が好むデザインは縁側をもつ伝統パッシブですが，特殊解になってしまうので，モデルは一般解としての現代パッシブとしています。

なお，このモデルは南雄三著「通風トレーニング」（建築技術）でも使用しており，通風計画，涼房計算についての詳細は「通風トレーニング」を参照してください。

部位	位置	窓	NO.
北面開口	1階	引違い08305	N-1
		すべり出し16005	N-2
		すべり出し06050×3窓	N-3,4,5
	高所	高所用換気窓07409×3窓	N-6,7,8
		北面合計開口面積4.795m² 開口率4.0%	

部位	位置	窓	NO.	部位	位置	窓	NO.
南面開口大	1階	引違いテラス戸25122	S-1,2	南面開口小	1階	引違いテラス戸16520×2窓	S'-1,2
		FIX07422	S-3			FIX08309	S'-3
	2階	引違いテラス戸18318	S-4,5		2階	引違いテラス戸16518	S'-4,5
		FIX07418×3窓	S-6,7,8			FIX07418×2窓	S'-6,7
		テラス戸07418	S-9,10				
	南面合計開口面積27.094m² 開口率22.8%				南面合計開口面積17.42m² 開口率14.6%		

D-1　ドア　木製断熱積層構造＋複層（A10以上）U値2.91

11-2 | HEAT20 モデル

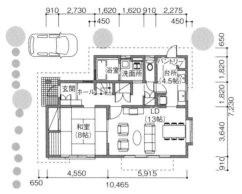

1階平面図

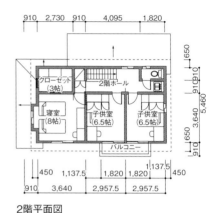

2階平面図

南立面図

東立面図

北立面図

西立面図

構　　造：木造在来軸組構法

床 面 積：120.08 m²

家族構成：4人（夫婦＋子供2人）

内部発熱：在室者，および照明器具，家電から発生する熱量，発熱スケジュールは「住宅事業主基準の判断基準」の策定に用いられた条件と同じとした。

暖冷房条件：暖冷房条件，暖冷房時間は，「住宅事業主基準の判断基準」の策定に用いられた条件と同じとした。

11章：資料

　HEAT20の計算で使われているのが、このモデルです。
　お馴染みの家……といってもよいほど、公的な場で外皮計算と省エネ計算で使われる仕様です。
　一見して、寒い家の特徴である閉鎖的な間取りになっています。当然、非暖房室の温度で厳しい結果になります。
　HEAT20のG1グレード、G2グレードはこの閉鎖的な間取りで、しかも体感温度（室温より1℃程度低めに出る）で15℃未満の割合を計算してグレード評価しているので、安全率としては高いものですが、もっと開放的にすれば結果はよくなります。

部位		断熱部位面積 [m²]　基礎断熱は周長 [m]	
		断熱部位：床―壁―天井	断熱部位：基礎―壁―屋根（下屋は天井断熱）
屋根		0	57.22
天井		67.91	15.73
外壁	南	33.13	36.00
	東	29.26	34.25
	北	48.05	50.92
	西	29.08	34.07
窓	南	19.69	19.69
	東	3.79	3.79
	北	3.15	3.15
	西	2.07	2.07
ドア	北	1.62	1.62
	西	1.89	1.89
床		65.42	0
土間床など		2.48	67.90
基礎周長	外気側	3.19	35.49
	床下側	3.19	0

各部位の断熱面積　表2
（出典：HEAT20設計ガイドブック作成WG編「HEAT20設計ガイドブック（第3刷）」建築技術）

11-3 | 南雄三宅詳細

　拙宅（Q 値 2.61）の冬の温度経過……晴れた日の日中，日射の入る 1 階の部屋は 21℃，2 階は 24℃となり，無暖房のまま 19℃で就寝し，朝まで 16℃をキープ，非暖房室は 15℃以上。このような温度推移は，暖かくはないが寒いこともなく，炬燵があればそれで十分といった感じ……。これを筆者は「なまごろし温度」と呼んでいます。（温度 Web（32 頁），温度推移（72 頁），日射（82 頁）を参照）

11章：資料

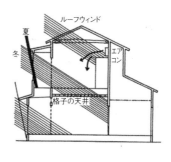
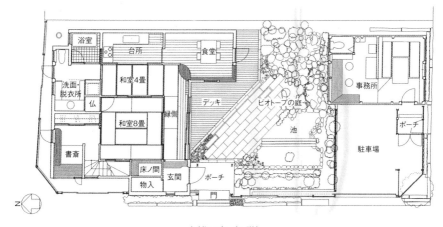

南雄三宅（1階）

敷地：194.74 m² （59 坪）　主屋：1階 73.01 m² ＋ 2階 40.58 m² ＝ 123.59 m² （34.4 坪）
事務所 22.57 m² （6.8 坪），庭 70.7 m² （21.4 坪），駐車場 23.2 m² （7 坪）
工期：（主屋）平成 6 年 11 月～平成 7 年 7 月，（事務所・庭）平成 7 年 9～12 月
断熱性能：Q 値 2.61 W/m²K，U_A 値 0.65 W/m²K
U 値 1 （W/m²K）：屋根 0.41，壁 0.47，基礎 0.62，窓 2.91，ドア 0.47
断熱構造：硬質発泡ウレタン外張工法（屋根 50 mm，壁 40 mm，基礎 30 mm）
開口部：木製サッシ＋複層 A12
m_c 値 9.06，m_h 値 15.27
気密性：C 値＝0.81 cm²/m²，1.35 回/50 Pa

11-4 エネルギー消費量を知る

　家庭で使用したエネルギー量に換算係数を乗じれば、「年間一次エネルギー消費量」および「年間CO_2消費量」を算出することができます。

Σ（各種エネルギー源の年間使用量×一次エネルギー換算係数）
＝年間一次エネルギー消費量（J/年）

Σ（各種エネルギー源の年間使用量×CO_2換算係数）
＝年間CO_2消費量（kg/年）

エネルギー源	一次エネ換算値	CO_2排出係数
電気	9.76MJ/kWh	0.551kg/kWh※
ガス	45MJ/m³	2.29kg/m³
灯油	37MJ/l	2.489kg/l
LPG	50MJ/kg	3.00kg/kg
水道	―	0.2kg/m³

一次エネルギー換算値とCO_2排出係数　表1

出典：「自立循環型住宅設計への設計ガイドライン」（（一財）建築環境・省エネルギー機構）
水道は「総量削減義務と排出量取引制度におけるその他ガス排出量算定ガイドライン」（平成21年，東京都環境局）

※毎年公表される電力事業者別のCO_2排出係数を採用します。
表1は2013年度実績（2016/12/5公表）で2014年度の算定に用いる係数です。
http://ghg-santeikohyo.env.go.jp/files/calc/h27_coefficient.pdf
〈参考〉薪，ペレットの発熱量＝14 MJ/kg
（出典：「自立循環型住宅への設計ガイドライン」（（一財）建築環境・省エネルギー機構））

11-5 燃費推定

11章：資料

　省エネ基準の一次エネルギー算出プログラムで，暖房，冷房，換気，給湯，照明の一次エネルギー消費量を知ることができたら，燃費も計算してみましょう。

燃費＝使用量÷一次エネルギー換算値×単価

	電気	ガス・灯油・LPG
暖房	○	○
冷房	○	—
換気	○	—
給湯	○	○
照明	○	—
家電	○	—

用途によるエネルギー源の可能性　表1

	一次エネ換算値	単価
電気	9.76MJ/kWh	?円/kWh
ガス	45MJ/m^3	?円/m^3
灯油	37MJ/l	?円/l
LPG	50MJ/kg	?円/kg

エネルギー源の一次エネルギー換算値と単価　表2

〈冷房，換気，照明，家電〉
①すべて電気を使うので：使用量÷9.76×単価(円/kWh)
〈暖房，給湯〉
①暖房と給湯の場合はまず，電気，ガス，灯油，LPGの内，どのエネルギー源を使用するのかを選択します。
②選択したエネルギー源の使用量÷一次エネルギー換算値×単価で，燃費を算出します。

11-6 南雄三宅エネルギー消費量

　拙宅の年間一次エネルギー消費量と年間 CO_2 ガス排出量は，グラフ1と表1のようになります（2011年）。
　拙宅は，暖冷房はエアコン，給湯はエコジョーズ。
　年間一次エネルギー消費量は 68.5 GJ になります。
　年間 CO_2 排出量は，2011年時点は 2,958 kg–CO_2 でしたが，今の計算では 3,737 kg–CO_2 と，2011年時点に比べて 26％もアップします。これは，電気の CO_2 排出係数が 0.375（2011）から 0.551 にアップしたためです。

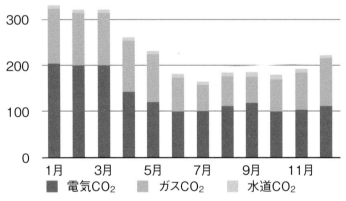

南雄三宅　月別，エネルギー源別 CO_2 排出量　グラフ1

	電気	ガス	水道	合計
使用量	4,786kWh	485m³	265m³	
一次エネルギー 消費量	46,711MJ	21,825MJ	-	68,536MJ
CO_2排出量(2011)	1,795kg	1,110kg	53kg	2,958kg
CO_2排出量(2016)	2,574kg	1,110kg	53kg	3,737kg

南雄三宅年間エネルギー消費量と CO_2 排出量　表1

11-7 | 南雄三宅暖冷房エネルギー消費量

　前頁のグラフ1から電気使用量を暖冷房用と家電用に分けることにより，年間の暖冷房一次エネルギー消費量が推計できます。冬と夏で電気使用量が大きくなる分が，暖冷房用だと考えて消費量を割り出します。

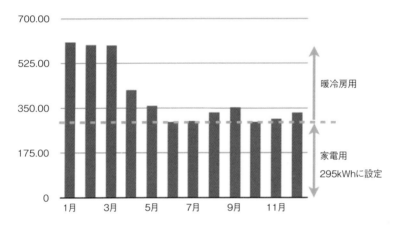

南雄三宅　2011年電気使用量（kWh）　グラフ2

①年間暖冷房用電力：4,786 kWh－295 kWh/月×12か月＝1,246 kWh
②年間暖冷房一次エネルギー消費量：1,246 kWh×9.76 MJ＝12,161 MJ

また，ドイツのパッシブハウス基準と比較するため，年間暖冷房用エネルギー負荷（基準：30 kWh/m^{2}以下）および家電を除く年間一次エネルギー消費量（同：120 kWh/m^{2}以下）を推計します。

ガスの年間一次エネルギー消費量：485 m^3×45 MJ/m^2＝21,825 MJ③
家電を除く年間一次エネルギー消費量（②＋③）
＝12,161 MJ＋21,825 MJ＝33,986 MJ④
年間一次エネルギー消費量＝④÷3.6kWh/MJ÷114 m^2＝83kWh/m^2
年間暖冷房負荷＝①×3（エアコンのCOP）÷114 m^2＝32.8kWh/m^2
以上の結果から，拙宅はパッシブハウス基準にほぼ合格します。
でも，パッシブハウス基準は計算値評価なので，計算値では不合格です。

11-8 | 南雄三宅一次エネルギー消費量

　拙宅を，省エネ基準・一次エネルギー算定プログラムにかけてみました。結果は 77.6 GJ で，基準値の 84.7 以下なので合格しました。さらに，10%削減の誘導基準にもギリギリ合格しました。

　暖房は 11.9 GJ で，冷房が 6 GJ でした。

　また 273 頁で推定した暖冷房エネルギー消費の 12.2 GJ と比較してみると，5 割ほど実績の方が小さくなっています。でもそれは拙宅の冷房分がほとんどないためで，暖房だけで比較すると，計算値の 11.9GJ とかなり近似した数字になりました。

エネルギー消費性能

エネルギー消費量　一次エネルギー換算した値[単位：GJ]

	設計一次	基準一次
暖房設備	11.9	17.7
冷房設備	6	6.5
換気設備	3.5	4.3
給湯設備	21.9	24.4
照明設備	13.3	10.8
その他設備	20.9	20.9
削減量	-	
合計	77.6	84.7

基準値　一次エネルギー換算した値[単位：GJ]

	基準値	誘導基準値
H28年4月以降	84.7	78.4
H28年4月現存	91.1	84.7

❶ 各項目で四捨五入をした値を表示しています。各項目を足しても合計の値と一致しないことがあります。

南雄三宅一次エネルギー消費量計算結果
外皮総面積：382.25 m^2，U_A値：0.65 W/m^{2}K，m_C値 9.06，m_H値 15.27
通風あり（5 回/h），蓄熱を利用する，床下換気システムを利用しない，
暖冷房：居室間歇・エアコン区分い，第 3 種換気（径の太いダクト使用），
給湯専用：エコジョーズ（効率 95%）追い焚きあり，先分岐，水栓バルブ，
照明：主たる居室・その他の居室・非居室すべていずれかの機器において白熱灯を採用している。

11-9 | 南雄三宅の冷房と防暑設計

11章：資料

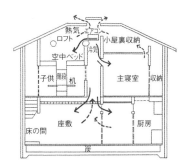

拙宅は1，2階にエアコンを設置。冷房は2階の吹抜上部に設置したエアコンから落とします（写真中）。左上写真は子ども部屋で，冷気は上部の開口から落とし，主寝室へは欄間を倒して落とします。その他は吹抜経由で1階に落とします。1階の天井は格子になっています（写真右下）。

物干し台の下の部屋はとても暑くなります。そこで，デッキを敷いて遮熱対策。20℃は違います。さらに，手摺を格子にして通風。格子は竿掛けを兼ねています。

あとがき

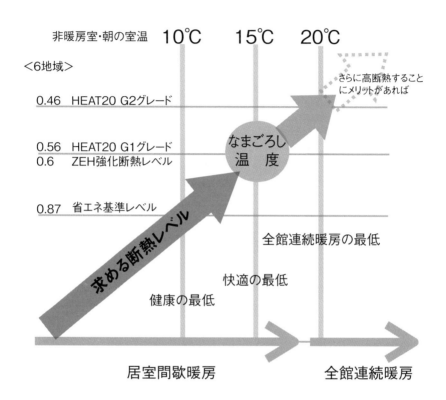

健康の最低は 10℃・省エネ基準

　省エネ基準を真ん中に置いて，届かないレベルとめざすレベルに分けてみれば，届かないレベルは「我慢の小エネ」で暖冷房エネルギーは小さいまま。そこに断熱を被せても省エネにはなりません。既存住宅のほとんどがこの領域です。それでも，断熱は非暖房室と朝起きたときの室温を高めることができます。健康を維持する最低室温を 10℃とすれば，省エネ基準はこれを可能にする断熱レベル。だから，すべての家が基準を超えなければいけません。

快適の最低は 15℃・G1 グレード

とはいえ，健康の最低をクリアすれば十分というわけではありません。10℃では寒くて不快の領域。

そこで一気に全館連続暖房で 20℃にもっていく前に，「寒さを残しながらの省エネ」から導かれる居室間歇暖房での快適に筆者は着目します。それが 20℃～15℃のなまごろし温度。

暖房室 20℃以上，非暖房室 15℃以上，朝 15℃以上。

寒いともいえず，暖かいともいえず……，ふとやり過ごせば無暖房のまま。つまり暖房と無暖房の分岐点。もっと快適を求めれば暖房が始まり，そこからは省エネの領域。

省エネの域となまごろし温度の域の境目だから，そこは快適の最低（我慢の限界）で，そこまでを自然温度で実現する断熱レベルを「もとめる断熱レベル」と考えます。そして，その断熱性の目安が HEAT20・G1 グレードです。

全館連続暖房の最低は G2 グレード

15℃を超えれば快適が膨らみ，同時に暖房負荷も増大します。ここで，省エネ基準レベルの断熱で居室間歇暖房するのと同じ負荷で全館連続暖房ができたらどうだ……と，胸を張る断熱レベルが HEAT20・G2 グレードです。だから，筆者はここを全館連続暖房の最低ラインと考えます。

冬に日射の多いところならパッシブな暮らし方で G1 レベル，日射が少ないところなら G2 レベルで全館連続暖房。こんな風に土地に照らして暮らし方の温度を設定し，それに見合う断熱レベルを求めていく……，性能は暮らし方の後の検討課題。

省エネの目標は，世界も日本も ZEH に向けて動き出しており，大きな流れとして，めざす省エネレベルは ZEH といえます。省エネは生活総合エネルギーで捉えるもので，ここでは断熱が主役ではありません。断熱を 2 倍にしても 10GJ の削減に対して，エコキュートで 8GJ，水栓をすべて節水にすれば 6GJ，照明を LED にすれば 6GJ，太陽光発電 1kWh が 10GJ，つまり省エネは「やりくり金勘定」の世界。

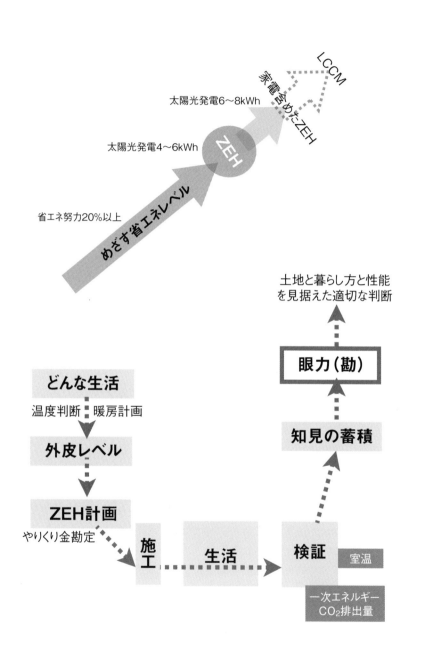

ムキになって断熱を高めたところで，ZEHにするには太陽光発電6〜8kWh（家電なしで4〜6kWh）が必要となります。言い換えれば，ZEHに超高断熱も難しい技術も要りません。ここは，したたかに省エネと創エネのバランスづくりを考えていく……。

省エネでも断熱（温度）でもG1レベル

国はZEHの定義の中に強化断熱基準を設けました。それがHEAT20・G1グレード相当。つまり，もとめる断熱レベルでも，めざす省エネレベルでも，最低はG1グレードといえるのです。

もちろん，もっと上をめざしてもよいのですが，断熱を高めることの意味と価値が計算されてのことでなければ，ただのやり過ぎにしかなりません。日本一の性能をアピールしたところで，中身がなければあんこのない鯛焼きのようなもの。

目安としての基準を独自の物差しに……

さて，どんな温度で生活するのかを決めたうえで，性能を判断し，完成後は室温とエネルギー消費量を測定して，沢山の知見を集めます。土地・暮らし方・性能の三巴がつくる結果は，基準頼りとは違ったものになります。

でもその知見を蓄積することで，「眼力（勘）」がつくられていきます。そこまでに至れば，基準は目安の域から成長して，頼もしい・しなやかな物差しになります。

本書は，もとめる断熱レベルを筆者の知見に基づいて想定し，めざす省エネレベルを大きな流れで読んでみたものです。そこには目安となる「基準」を参考値として採用していますが，その目安が設計者の知見によって独自の物差しにまで成長することを祈りながら，筆を納めます。

もとめる断熱レベルとめざす省エネレベル

発行	2016年9月16日
著者	南 雄三
発行者	橋戸幹彦
発行所	株式会社建築技術
	〒101-0061 東京都千代田区三崎町 3-10-4 千代田ビル
	TEL03-3222-5951　FAX03-3222-5957
	http://www.k-gijutsu.co.jp
	振替口座 00100-7-72417
造本デザイン	春井 裕（ペーパー・スタジオ）
印刷・製本	三報社印刷株式会社

落丁・乱丁本はお取り替えいたします。
本書の無断複製（コピー）は著作権上での例外を除き禁じられています。
また，代行業者等に依頼してスキャンやデジタル化することは，
例え個人や家庭内の利用を目的とする場合でも著作権法違反です。
ISBN978-4-7677-0151-6
ⓒYuuzo Minami 2016
Printed in Japan